Pyostryye skazki

Manchester University Press

Pyostryye skazki
V. F. Odoyevsky

Edited with an introduction and notes
by Neil Cornwell

Manchester University Press
Manchester and New York

Copyright © Neil Cornwell 1998, 2009

The right of Neil Cornwell to be identified as the editor of this work has been asserted by him in accordance with the Copyright, Designs and Patents Act 1988.

Published by Manchester University Press
Oxford Road, Manchester M13 9NR, UK
and Room 400, 175 Fifth Avenue, New York, NY 10010, USA
www.manchesteruniversitypress.co.uk

Distributed exclusively in the USA by
Palgrave, 175 Fifth Avenue, New York NY 10010, USA

Distributed exclusively in Canada by
UBC Press, University of British Columbia, 2029 West Mall,
Vancouver, BC, Canada V6T 1Z2

British Library Cataloguing-in-Publication Data
A catalogue record for this book is available from the British Library

Library of Congress Cataloging-in-Publication Data
A catalog record for this book is available from the Library of Congress

ISBN 13: 978 0 7190 8184 2

First published 1988 by Durham Modern Languages Series
This edition first published 2009 by Manchester University Press

Printed by Lightning Source

CONTENTS

	Introduction: V.F. Odoyevsky (1804-1869) and his *Pyostryye skazki*.	7
	От издателя	19
	Предисловие сочинителя	21
I	Реторта	23
	Глава 1-ая Введение	24
	Глава 2-ая Каким образом сочинитель узнал от чего в гостиных бывает душно	28
	Глава 3-ая Что происходило со сочинителем когда он попался в реторту	30
	Глава 4-ая Каким образом сочинитель попался в латинский словарь и что он в нем увидел	31
II	Сказка о мертвом теле неизвестно кому принадлежащем	35
III	Жизнь и похождение одного из здешних обывателей в стеклянной банке	45
IV	Сказка о том, по какому случаю коллежскому советнику Ивану Богдановичу Отношению не удалось в светлое воскресенье поздравить своих начальников с праздником	54
V	Игоша	59
VI	Просто сказка	65
VII	Сказка о том, как опасно девушкам ходить толпою по Невскому проспекту	69
VIII	Та же сказка, только на изворот	78
	Деревянный гость, или сказка об очнувшейся кукле и господин Кивакель	81
	Эпилог	86
	Notes and Short Bibliography	87

ACKNOWLEDGEMENT

The title-page of the 1833 edition is reproduced with the kind permission of the British Library.

INTRODUCTION

V.F. ODOYEVSKY (1804-1869) AND HIS *PYOSTRYYE SKAZKI*

I

V.F. Odoyevsky - writer, music critic, thinker, educationalist, philanthropist and public servant, to name only his main roles in life - was one of the most extraordinarily versatile figures of nineteenth-century Russia. A reputation for eccentricity, 'encyclopaedism' and dilettantism caused him to be taken less seriously during his lifetime than was his due. Neglected for many years after his death, he underwent a minor revival of interest in the early part of this century. This was repeated in the 1950s, when important collections of his educational, musical and literary writings were published. He is now remembered mainly as a writer of fiction and more editions of his works have appeared since 1975 than in the whole of the previous hundred years.

Prince Vladimir Fyodorovich Odoyevsky was born in 1804 (or, according to some sources, in 1803), into one of the oldest families in Russia, which traced its lineage back to Rurik - indeed, in later life, he was Russia's 'premier nobleman'. A number of Odoyevskys had played prominent parts over the centuries in Russian history, but the family fortune was very largely dissipated during the eighteenth century. The result was that the later Odoyevskys had to work for a living: Vladimir's father, Fyodor Sergeyevich, was director of the Moscow Assignation Bank;

he himself was financially dependent on his government salary and additional income from writing was always welcome; Aleksandr Ivanovich Odoyevsky, his cousin who was to become a Decembrist poet, served as a guards officer. Furthermore, his aristocratic lineage notwithstanding, Odoyevsky was also something of a *raznochinets* in that his mother, Yekaterina Alekseyevna Fillipova, was until her marriage a serf.

Following the early death of his father in 1808, the young Odoyevsky was brought up mainly by relatives in Moscow, with long visits to his mother, who soon remarried, in the country. He received the best available education of the day at the *Blagorodnyy pansion* of Moscow University (Moscow's equivalent of the *lycée* at Tsarskoye Selo, near St. Petersburg), from which he graduated in 1822 with a gold medal.

The next four years were spent in hectic intellectual activity. Odoyevsky began to publish translations, essays, stories and music criticism in the Moscow journals. He attended the philosophical discussions of the Raich circle, presided over the 'Obshchestvo lyubomudriya' - a philosophical circle, influenced mainly by Schelling, which included among its adherents Venevitinov and Ivan Kireyevsky and was a principal originator of both Westernizing and Slavophile leanings. Together with Vil'gel'm Kyukhel'beker, Odoyevsky founded, edited and contributed much material to the almanac *Mnemozina* which, in the four issues of its existence from 1824-5, attracted contributions from the leading writers of the day, set a new intellectual standard in Russian journalism and aroused considerable controversy.

Mnemozina foundered for lack of subscribers. However, this flourishing period of Russian intellectual life was soon to be brought to an abrupt end by the events in St. Petersburg of 14 December, 1825. Aleksandr Odoyevsky and Kyukhel'beker, who were direct participants in the abortive revolt, suffered imprisonment and exile. For a time Vladimir, in Moscow, feared arrest by association. The Lyubomudry disbanded their society and a

period of general intellectual paralysis followed. Odoyevsky
immersed himself ever deeper in idealist philosophy, mysticism
and European romanticism, channelling his thought into creative
activity which was to reach fruition only in the 1830s.

In 1826 Odoyevsky married, entered government service and
moved to St. Petersburg. There he was to remain until 1862.
During this period his literary career flourished and declined;
he held a number of posts in various government ministries and
committees; he achieved lasting renown as a writer of children's
stories and became strenuously involved in educational and philanthropic projects; and his circle became a leading meeting place
for artistic celebrities from home and abroad. Furthermore, he
was a leading personality in the musical life of the period, both
through his critical writings and by his association with Glinka
and other composers, and in the development of Russian journalism
- as a co-founder of Pushkin's *Sovremennik* and the main backer of
Krayevsky's *Otechestvennyye zapiski*.

Ever to be counted among the more progressive elements of the
nobility, though wary of radicalism and revolution, Odoyevsky was
an enthusiastic supporter of the reforms of Alexander II. At the
same time, he wearied of the social and financial strains of
Petersburg life and in 1862 took up appointment to the Moscow
Senate. At the time of his death, in 1869, he was up to his ears
in more projects than ever: musical, historical, scientific and
literary.

II

Throughout an intellectual career lasting half a century, Odoyevsky never ceased to conceive grandiose philosophical, enciclopaedic educational and literary projects. Few of these achieved
more than a fragmentary existence. The two literary projects
which were completed, *Pyostryye skazki* (1833) and *Russkiye nochi*
(1844), were both conceived in the 1820s, yet contrive to mark
the onset and the climax, respectively, of Odoyevsky's 'mature'
period as a writer.

Odoyevsky's fiction of the 1820s can be broadly described as

didactic - whether social satire in the manner of Griboyedov (but
in prose, in works such as 'Dni dosad' and 'Yelladiy') or the
terse allegory of the apologues (such as 'Novyy demon' and
'Stariki, ili Ostrov Pankhai'). By the end of the decade,
Odoyevsky had become well versed in the poetics as well as the
philosophy of romanticism - both the 'high' German romanticism of
E.T.A. Hoffmann, Wackenroder, Novalis and Jean Paul, and the
'lower' varieties of the French *école frénétique*. He also con-
tinued to experiment in form, using both European and Russian
models.

Experimentation led to uneven artistic success. Nevertheless,
the range of the stories written in the decade or so from the
late 1820s is remarkable for its width. *Pyostryye skazki* as a
cycle provides an early demonstration of this, along with the
artistic 'biographies', 'Posledniy kvartet Betkhovena' (1830) and
'Sebastiyan Bakh' (1835). These two stories which, along with
'Opere del Cavaliere Giambattista Piranesi' (1831) and 'Improvizator' (1833) were originally intended for a cycle to be called
'Dom sumasshedshikh', are to be numbered among Odoyevsky's best
and were eventually incorporated into *Russkiye nochi*. Caustic
satirical tales such as 'Brigadir' (1833) and 'Nasmeshka mert-
vetsa' (1834), frequently with supernatural or fantastic elements, led on to fully-blown society tales ('svetskiye povesti')
such as 'Knyazhna Mimi' (1834) and 'Knyazhna Zizi' (1839), in
which social portraiture is to the fore, and to stories of mixed
genre such as 'Zhivoy mertvets' (dated 1838) - a *mélange* of didactic satire and romantic philosophy in fantastic trappings.
Odoyevsky was also capable of Gogolian whimsy - in parts of
Pyostryye skazki and in the humorous 'Istoriya o petukhe, koshke
i lyagushke' (1834) - and author of the anti-utopian satires
'Gorod bez imeni' (1839) and 'Posledneye samoubiystvo' (1844) and
one of the first Russian works of science fiction, '4338-y god.
Peterburgskiye pis'ma' (1840). Mystical and alchemical studies
contributed to his most interesting romantic stories: 'Sil'fida'
(1837), the long-neglected 'Kosmorama' (1840) and the substantial

'dilogy', 'Salamandra' (1841).

While his voluminous archive abounds with unfinished novels, cycles and plays on all manner of themes, many of which got little beyond the planning stage, Odoyevsky did manage to bring to fruition one of his most ambitious literary projects, the philosophical frame-tale *Russkiye nochi*, designed to combine the genres of novel and drama. This included a number of stories published separately during the 1830s, enclosed by a substantial framing device which develops into dramatic dialogue of a largely philosophical nature, reflecting intellectual strands of the 1820s and 30s in a manner unique in Russian fiction. It also remains a formal curiosity which has no real counterpart in either Russian or European literature.

After 1844, in which year he published his three-volume *Sochineniya* (*Russkiye nochi* appearing for the first time as Part One of this), Odoyevsky wrote and published very little fiction, becoming more and more occupied by other activities. He resurfaced in the 1860s with a few publicistic pieces - notably *Nedovol'no* (1867), a spirited riposte to Turgenev's purportedly valedictory *Dovol'no* - but a late attempt at a realistic novel, to be called 'Samaryanin', remained at his death largely unwritten.

III

The cycle of stories with one of the longest titles in Russian literature - *Pyostryye skazki s krasnym slovtsom, sobrannyye Irineyem Modestovichem Gomozeykoyu, magistrom filosofii i chlenom raznykh uchonykh obshchestv, izdannyye V. Bezglasnym* - was published as a de-luxe small format volume, appropriately adorned with variegated designs and illustrations, in St. Petersburg in 1833. The collection, as an entity, has never been republished hitherto.

Odoyevsky published many of his works over several decades under a variety of pseudonyms. Bezglasnyy (the 'publisher' of *Pyostryye skazki*) was one of his favourite sobriquets of that period. Gomozeyko, however, was more than just another pen-name;

he was a persona over whom Odoyevsky took considerable trouble. 'Master of Philosophy and member of various learned societies', an afficionado of occult sciences who 'knows all possible languages: living, dead and half-dead' and just about everything else, Gomozeyko is a poverty-stricken encyclopaedist; as such he assumes the role of a whimsical alter ego: a middle-aged eccentric, an exaggerated self-projection. The fact that Odoyevsky had further plans for the figure of Gomozeyko adds a dimension beyond Pushkin's treatment of Ivan Belkin, or Gogol's of Rudyy Pan'ko. Gomozeyko was conceived as the first resident of the unrealized 'house of madmen'; his 'autobiography' and 'historical researches' are alluded to in Bezglasnyy's introduction to *Pyostryye skazki*. Of the historical researches there is no trace, but the autobiography was started, covering Gomozeyko's provincial upbringing, education and government service (in which he struggled in vain to bring improvement to the urban district sanitary services, only to be accused of practising 'carbonari-type ideas'). Connected with this project, or extracted from it, is 'Istoriya o petukhe, koshke i lyagushke', sub-titled 'a provincial story' and set in Rezhensk (the scene of Ivan Sevast'yanych's traumatic experiences with the body which belonged to no one). Odoyevsky's knowledge of provincial life and officialdom really only displayed in these two stories, probably derives from visits to his mother and step-father. There was to have been much more of Gomozeyko - a whole cycle of adventures (*pokhozhdeniya*) in the provinces and the capital which might have formed an interesting counterpart to Gogol's later *Myortvyye dushi*. The only completed tale, however, in which Gomozeyko makes a return appearance, as a garrulous story-teller, is 'Privideniye' (1838).

Pyostryye skazki can be seen as in many ways a transitional work between Odoyevsky's fictional output of the 1820s and that of the 30s. It is also a text which has never produced any real critical consensus; this fact seemingly applies equally to the author as critic; when appropriating 'Otryvki iz *Pyostrykh skazok* (1833)' as a section for Part Three of his 1844 *Sochineniya*,

Odoyevsky omitted a good deal of the original cycle and rearranged the rest. Only stories number IV, II, VII and VIII were included; 'Igosha' (V) was placed in a different section.

As early as January 1829, Odoyevsky referred to *Pyostryye skazki* in a letter to M.P. Pogodin:

> Having withdrawn from literature for a time in readiness to bring out a work [*bol'shoy trud*], I certainly don't want to remind the public of myself by the commission of old sins.

The 'old sins' remained, however - at least as far as some readers were concerned. N.A. Polevoy, in *Moskovskiy telegraf*, criticized *Pyostryye skazki* as too much allegory and too little thought, seeing in them cold imitations of Hoffmann and evidence of Odoyevsky's aristocratic aloofness; Baron E.F. Rozen, on the other hand, greeted the cycle as original tales of the miraculous at various levels, reminiscent of 'the one and only Hoffmann'. P.A. Vyazemsky did not agree with either of these assessments; in a letter to Zhukovsky, he wrote:

> Odoyevsky has published his *Pyostryye skazki*, the fantastic ones. I haven't seen it yet but they say the edition is a very fine one, fetching and fantastic. I think that Odoyevsky's genre is not the fantastic, at least in the Hoffmannian sense. He has a more observant and reflective mind and his imagination is not at all whimsical and playful.

Odoyevsky's friends and associates (including Gogol, who probably had a hand in the book's design) responded fairly enthusiastically to the collection; I.I. Davydov went further than Vyazemsky in calling *Pyostryye skazki* the first attempt in Russian literature at the philosophical tale; however, a little later, A.I. Koshelev wrote to Odoyevsky:

> In general they have not made any great impression: there are very few people who understand them and still fewer who would genuinely appreciate their quality.

This confusion can be attributed to the presence in *Pyostryye skazki* of 'old sins' (didactic and allegorical satirical apologues) alongside more innovatory works. However, even a brief examination of *Pyostryye skazki* will reveal a diversity and complexity which has led the original critical doubts and differences to persist.

Between the two prefaces at the beginning (from the 'publisher' and the 'author', or rather collector) and the epilogue (itself merely a re-stating of the epigraph to the last story) we are given stories numbered I to VIII (see Contents); there is really a total of seven stories, as VIII is a sequel, or rather a 'reverse' of VII.

The first story, 'Retorta', opens its four short chapters with an 'Introduction' which reads like a veritable credo of romanticism on the part of the narrator, or supposed author. Chapter Two of the story finds the somewhat eccentric narrator at the usual venue for the opening of an Odoyevsky tale - a society ball; annoyed when the conspiratorial ritual of the card-table asserts its supremacy over the hot air of narratorial digression, our storyteller retreats to cool himself by a *fortochka*, only to find the air there just as hot, despite the twenty degrees of frost outside; the entire house and its occupants prove to be enclosed 'in a glass retort with a curved nose'. The narrator pokes his nose out of the retort and is immediately, in Chapter Four, cast by a young devil (*satanyonok*) into a Latin dictionary; on his travels from page to page through the dictionary he meets 'a spider, a dead body, a night-cap, Igosha and other amiable young people whom the accursed young devil had gathered from all sides of the world and forced to share my fate'. Some of these denizens of the dictionary were so steeped in words that they were turning into fairy tales; the narrator himself begins to undergo this transformation:

> ... my eyes turned into an epigraph, from my head a few chapters sprouted, my torso became a text, and my nails and hair took up the space for linguistic mistakes and misprints, an unavoidable appurtenance to any book ...

At this point the ball ends and the exodus from it breaks the retort; the young imp makes off in alarm, his dictionary thrust under his arm - dropping a few pages in his haste along with some of its fictional captives, the narrator ('Your humble servant') included. The narrator has the presence of mind to grab his erstwhile comrades from the dropped pages, rolling them into a ball and stuffing them into his pocket in order subsequently 'to present them for the inspection of the esteemed reader ...' (p. 27). It is thus by this whimsical interplay of society tale and fairy tale and play on the relationship between narrator and reader, integral text and its component parts (characters and devices, words and punctuation), that Odoyevsky motivates his discourse to present, at various removes, the succession of unlikely (*pyostryye* - 'variegated' or 'motley') stories (II-VIII) which follow. The concept of 'fairy tales for old children' was utilized on more than one occasion by Odoyevsky in the 1830s. Discourse, both in written form and as incongruous dialogue, is a strong sub-theme, too, of 'Skazka o myortvom tele ...' (II); indeed the stress on written articulation in this story almost matches Gogol's emphasis in 'Shinel'' on incoherence in speech. 'Novyy Zhoko' (III), a spider's viewpoint on the universe, which is ironically subtitled 'a classical tale', is primarily a burlesque of 'frenetic' French romantic forms; this polemical parodic thrust has been lost long since, but a quality of the bizarre lingers. 'Skazka o tom po kakomu sluchayu ...' (IV) offers a pre-Gogolian look inside a Petersburg chancellery and culminates in a demonic card game (cards, along with society balls, were a pet hate of Odoyevsky's). 'Igosha' (V) builds on to a Russian folkloric base a study in child psychology, while 'Prosto skazka' (VI) is more or less what its title suggests.

'Skazka, o tom, kak opasno devushkam ...' is an allegorical cautionary tale of the rape of Russian beauty. Together with its 'opposite', 'Ta zhe skazka, tol'ko na izvorot' (VIII) - a narratorial digression and Gomozeyko's parting shot, balancing his introduction at the beginning - this story leads into '... Gospodin Kivakel'', and represents a censure of the absurdities of female upbringing in Petersburg society, motivated perhaps more by concerns of artistic taste than with crude preoccupations of proto-Slavophilism. The repetition of the epigraph reinforces the theme of *kukol'nost'* (who manipulates whom?).

The tales are individually slight, but diverse in their use of inventive whimsy, satire and the grotesque; not for the only time in Odoyevsky's *oeuvre* one has the suspicion that the whole may exceed the sum of the parts. Soviet criticism of this generally neglected cycle has tended to emphasize the angle of social satire; *Pyostryye skazki* is said to anticipate Gogol's Petersburg stories and to pre-figure Odoyevsky's own 'Improvizator' and 'Zhivoy mertvets', which continue a similar grotesque-satirical line.

However, *Pyostryye skazki* is not to be pinned down as easily as all that. While seeing in the cycle a near approach to the subsequent 'satirical-realist Gogol' in its 'realistic analysis of contemporary Russian reality', shrewder critics also point to the constantly undercutting effects of the employment of romantic irony. The importance of Gomozeyko and some of the quirks of narration in the cycle have been touched on above and the work is clearly best read in the light of both the theory and practice of the poetics of romanticism. V.I. Sakharov, a present-day Soviet specialist on Odoyevsky, sees the tales as allegories, 'complicated by such Hoffmannian romantic motifs as puppetry, automatonism and the spectrality of bureaucratic life', directed towards social satire; however, he argues that Odoyevsky was attempting 'to unite pre-romantic prose with the recently-learned rules of romantic poetics' and that it was 'the forthright didacticism and the somewhat archaic quality of the satirical prose' which brought forth the critical reaction of certain contemporaries. Furthermore, as the same commentator has also pointed out, the composition and the reception of *Pyostryye skazki* must also be considered in the light of the literary polemics of the day, in which the brand of romanticism with which Odoyevsky was experimenting ran contrary to the more robust variety (à la Victor Hugo) favoured by such as Polevoy and Marlinsky.

Nevertheless, despite their transitional position in

Odoyevsky's development, *Pyostryye skazki* are not quite as transsitory in their significance as their author modestly indicated a decade later, when, introducing the selection deemed worthy of inclusion in his 1844 works, Odoyevsky referred to the cycle as 'a joke, the main aim of which was to demonstrate the possibilities for luxury editions in Russia and to launch woodcuts and other forms of illustration'. Earlier, he had written of *Pyostryye skazki* to his friend Koshelev: 'You will be surprised to learn that I wrote my harlequinesque fairy tales in the most bitter moments of my life.' While *Pyostryye skazki* can be seen both as a series of tongue-in-cheek exercises, parodying various forms of romantic excess (in tune with Odoyevsky's critical articles of the 1830s), and as a preliminary work-out for a number of the themes and ideas which inform *Russkiye nochi*, the cycle still retains its own idiosyncratic and enigmatic qualities.

ПЕСТРЫЯ
СКАЗКИ

съ

КРАСНЫМЪ СЛОВЦОМЪ,

собранныя

ИРИНЕЕМЪ МОДЕСТОВИЧЕМЪ ГОМОЗЕЙКОЮ

МАГИСТРОМЪ ФИЛОСОФІИ И ЧЛЕНОМЪ

РАЗНЫХЪ УЧЕНЫХЪ ОБЩЕСТВЪ,

изданныя

В. БЕЗГЛАСНЫМЪ.

„ Какова Исторія. Въ иной залетишь за тридевять земель за тридесятое царство. "
Фонъ-Визинъ въ Недорослѣ.

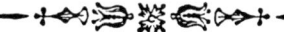

САНКТПЕТЕРБУРГЪ,

1833

ОТ ИЗДАТЕЛЯ

Когда почтенный Ириней Модестович Гомозейко, магистр философии и член разных ученых обществ, сообщил мне о своем желании напечатать сочиненные, или собранные им сказки, - я старался сколь возможно отвратить его от сего намерения; представлял ему: как неприлично человеку в его звании заниматься подобными рассказами; как с другой стороны они много потеряют при сравнении с теми прекрасными историческими повестями и романами, которыми с некоторого времени сочинители начали дарить русскую публику; я представлял ему, что для одних читателей его сказки покажутся слишком странными, для других слишком обыкновенными; а иные без всякого недоумения назовут их странными и обыкновенными вместе; самое заглавие его книги мне не нравилось; меня не тронули даже и ободрения, которыми журналы удостоили сказку Иринея Модестовича, напечатанную им для опыта, под именем *Глинского*, в одном из альманахов. Но когда Ириней Модестович со слезами в глазах обратил мое внимание на свой, пришедший в пепельное состояние фрак, в котором ему уже нельзя более казаться в свете - единственное средство, по мнению Иринея Модестовича, для сохранения своей репутации - когда он трогательным голосом рассказал мне о своем непреодолимом желании купить по случаю продающуюся редкую книгу: Joannes ab Indagine Introductiones apotelesmaticae in Astrologiam naturalem, а равно и Les oeuvres de Jean Belot, curé de Milmonts, professeur ès sciences Divines et Celestes, contenants la Chiromancie, Physiognomie, Traité de Divinations, Augures et songes, les sciences Steganographiques, Paulines Armadellest et Lullistes; l'art de doctement precher et haranguer etc.

Тогда все мои сомнения исчезли, я взял рукопись почтенного Иринея Модестовича и решился издать ее.

Смею надеяться, что и читатели разделят мое снисхождение, тем более, что оно может ободрить Иринея Модестовича к окончанию его собственной биографии, а равно и исторических изысканий об *Искусстве оставаться назади*, сочинение, которое, несмотря на недельное направление, данное ему автором, содержит в себе, по моему мнению, поучительные примеры, ясно показывающие чего в сем случае надлежит избегать и следственно весьма полезные для практики.

Еще одно замечание: почтенный Ириней Модестович, несмотря на всю свою скромность и боязливость, потребовал от меня, чтобы я в издаваемой мною книге сохранил его собственное правописание, особенно же относительно знаков препинания. — Надобно знать, что Ириней Модестович весьма сердится за нашу роскошь на запятые и скупость на точки: он не может понять зачем, вопреки дельным замечаниям знающих людей, у нас перед каждым *что* и *который* ставится запятая, а перед *но* точка с запятою. Вообще Ириней Модестович предполагает, что книги пишутся для того, дабы они читались, а знаки препинания употребляются в оных для того, дабы сделать написанное понятным читателю; а между тем, по его мнению, у нас знаки препинания расставляются как будто нарочно для того, чтобы книгу нельзя было читать с первого раза — prima vista, как говорят музыканты; для избежания сего недостатка Ириней Модестович старается наблюдать между знаками препинания (, | - , , - | ; | .) логическую иерархию; для сей же причины он осмелился занять у испанцев оборотный вопросительный знак, который ставится в начале периода для означения, что оному при чтении должно дать тон вопроса. О сем пусть рассудят читатели, а люди более меня занимавшиеся сим делом потолкуют.

Нужным считаю присовокупить что я на себя же взял издание давно обещанного *Дома сумасшедших*; сочинение, которое впрочем, сказать правду, гораздо больше обещает, нежели сколько оно есть в самом деле.

В. Безгласный.

ПРЕДИСЛОВИЕ СОЧИНИТЕЛЯ

Прежде всего я долгом считаю признаться вам, милостивый государь, в моей несчастной слабости, ... ¿Что делать? у всякого свой грех, и надобно быть снисходительным к ближнему; это, как вы знаете, истина неоспоримая; одна изо всех истин которые когда-либо добивались чести угодить роду человеческому, - одна, дослужившаяся до аксиомы; одна, по какому-то чуду, уцелевшая от набега южных варваров 18 века, как одинокий крест на пространном кладбище. И так узнайте мой недостаток, мое злополучие, вечное пятно моей фамилии, как говорила покойная бабушка, - я, почтенный читатель, - я из ученых; т. е. к несчастью не из тех ученых, о которых говорил Паскаль, что они ничего не читают, пишут мало и ползают много, - нет! я просто пустой ученый т. е. знаю все возможные языки: живые, мертвые и полумертвые; знаю все науки, которые преподаются и не преподаются на всех европейских кафедрах; могу спорить о всех предметах, мне известных, и неизвестных; а пуще всего люблю себе ломать голову над началом вещей и прочими тому подобными нехлебными предметами.

После сего можете себе представить, какую я жалкую роль играю в сем свете. Правда, для поправления моей несчастной репутации, я стараюсь втираться во все известные домы; не пропускаю ни чьих именин, ни рожденья, и показываю свою фигуру на балах и раутах; но к несчастью я не танцую; не играю ни по пяти, ни по пятидесяти; не мастер ни очищать нумера, ни подслушивать городские новости, ни даже говорить об этих предметах; чрез мое посредство нельзя добыть ни места, ни чина, ни выведать какую-нибудь канцелярскую тайну ... Когда вы где-нибудь в уголку гостиной встретите маленького человечка, худенького, низенького, в черном фраке, очень чистенького, с приглаженными волосами, у которого на лице написано: „Бога ради оставьте меня в покое" - и который -, ради сей причины, - заложа пальцы по квартирам, кланяется всякому с глубочайшим почтением; старается заговорить то с тем, то с другим; или с благоговением рассматривает глубокомысленное выражение на лицах почтенных старцев, сидящих за картами и с участием расспрашивает о выигрыше и проигрыше; словом, всячески старается показать, что он также человек порядочный и ничего дельного на сем свете не делает; который между тем боится протягивать свою руку знакомому, чтобы знакомый в рассеянности не отвернулся, - это я, милостивый государь, я - ваш покорнейший слуга.

Представьте себе мое страдание! Мне, издержавшему всю свою душу на чувства, обремененному многочисленным семейством мыслей, удрученному основательностью своих познаний, - мне очень хочется иногда поблистать ими в обществе; но только что разину рот, - явится какой-нибудь молодец с усами, затянутый, перетянутый и перебьет мою речь замечаниями о состоянии температуры в комнатах; или какой почтенный муж привлечет общее внимание рассказом о тех непостижимых обстоятельствах, которые сопровождали проигранный им большой шлем; - между тем вечер проходит и я ухожу домой с запекшимися устами.

В сем затруднительном положении я заблагорассудил обратиться к вам, почтенный читатель, ибо -, говоря без лести -, я знаю, что вы человек милый и образованный, и притом не имеете никакого средства заставить меня замолчать; читайте, не читайте, закройте или раскройте книгу, а все таки печатные буквы говорить не перестанут. И так волею, или неволею слушайте: а если вам рассказ мой понравится, то мне мыслей не занимать стать, я с вами буду говорить до скончания века.

I

РЕТОРТА

> *Реторта – Cornue – Retorte –*
> Сосуд перегонный; род бутыли с
> круглым дном в виде груши с
> длинною шейкою ...
> *Слов. Хим. ч. 3. с. 260.*
> ... Положи амальгаму в круглый
> стеклянный сосуд; закупорь его и
> поставь в золу; потом на легкий
> жар, прибавляя жару, пока сосуд
> совсем не раскалится, то ты
> увидишь все цветы, какие только
> на свете находятся ...
> *Исаак Голланд в книге о*
> *руке философов* – стр. 34

ГЛАВА I

ВВЕДЕНИЕ

В старину были странные науки, которыми занимались странные люди. Этих людей прежде боялись и уважали; потом жгли и уважали; потом перестали бояться, но все таки уважали; нам одним пришло в голову и не бояться, и не уважать их. И подлинно, - мы на это имеем полное право! Эти люди занимались - ¿чем вы думаете? они отыскивали для тела такое лекарство, которое бы исцеляло все болезни; для общества такое состояние, в котором бы каждый из членов благоденствовал; для природы, - такой язык, которого бы слушался и камень и птица, и все элементы; они мечтали о вечном мире, о внутреннем ненарушимом спокойствии царств, о высоком смирении духа! Широкое было поле для воображения; оно обхватывало и землю и небо, и жизнь и смерть, и таинство творения и таинство разрушения; оно залетало за тридевять земель в тридесятое царство, и из этого путешествия приносило такие вещи, которые ни больше, ни меньше, как переменяли платье на всем роде человеческом; такие вещи, которые -, не знаю от чего, - ныне как будто не встречаются, или все наши открытия разнеслись колесами паровой машины.

Не будем говорить о величественной древности: увы! она посоловела от старости; вы поверите на слово, что она мне известна лучше, нежели адрес-календарь какому-нибудь директору департамента, и что я бы мог легко описанием оной наполнить целую книгу; нет, мы вспомним недавнее:

Знаете ли, милостивый государь, что было время, когда все произведения природы годились только тогда, когда природа их производила: цветы весною, плоды осенью; — а зимою — ни цветочка ... ¿Не правда ли, что это было очень скучно? Нашелся монах, по имени Алберт; он предвидел как для нас необходимо будет зимою устилать цветами стены передних и лестниц, и нашел средство помочь этому горю, — и нашел его так, между делом, потому что он в это время занимался очень важным предметом: он искал средства сотворять цветы, плоды и прочие произведения природы, не исключая даже и человека.

Было время, когда люди на поединке бесились, выходили из себя, в этом преступном состоянии духа отправлялись на тот свет и без покаяния, дрожа, кусая губы, с шапкою на бекрень являлись пред лице Миноса; монах Бакон положил селитры с углем в тигель, поставил в печь вместе с другими приготовлениями для философского камня, и нашел хладнокровный порох, посредством которого вы можете — не сердясь, перекрестившись, помолившись и в самом спокойном и веселом расположении духа — положить перед собою навзничь своего противника или сами разом протянуться, что не менее производит удовольствия.

Было время, когда не существовало — ¿как бы назвать его? мы дали этому снадобью такое имя, от которого может пропахнуть моя книга и привлечь внимание какого-нибудь рыцаря веселого образа, чего мне совсем не хочется — когда не существовало то — — то, без чего бы вам, любезный читатель, нечего было налить на вашу курильницу; старинному щеголю на свой платок и на самого себя; без чего нельзя бы сохранять уродов в кунсткамере; нечем было бы русскому человеку развеселить свое сердце; словом то, что новые латинцы и французы назвали *водою жизни*. — Вообразите себе какую переборку должно было произвести в это время открытие Арнольда де-Виллановы, — когда он пустил по миру алкоголь, собирая в тыкву разные припасы для сотворения человека по своему образу и подобию.

¿Скажите, кого бы уморила нынешняя медицина, если бы господин Бомбастус Парацельзий не вздумал открыть приготовления минеральных лекарств? ¿Что бы стали читать наши почтенные родители, если бы Брюс не написал своего календаря? если бы Василий Валентин ...

Но впрочем это долгая история; всех не переберешь, а только вам наскучишь. Дело в том, что все открытия тех времен производили такое же обширное влияние на человечество, какое бы ныне могло произвести соединение паровой машины с воздушным шаром, - открытие, мимоходом будь сказано, которое поднялось было да и засело и, словно виноград, не дается нашему веку.

¿Неужели в самом деле все эти открытия были случайные? ¿разве автомат Алберта Великого не требовал глубоких механических соображений? ¿разве antimonium Василия Валентина и открытия Парацельзия не предполагают глубоких химических сведений? ¿разве ars magna Раймонда Луллия, могло выдти из головы непривыкшей к трудным философским исчислениям; разве, разве ...? ¿Да если бы эти открытия и были случайные, то зачем эти случаи не случаются ныне, когда не сотня монахов, разбросанных по монастырям между дюжиною рукописей и костром инквизиции, а тысяча ученых, окруженных словарями, машинами, на мягких креслах, в крестах, чинах и на хорошем жалованьи трудятся, пишут, вычисляют, вытягивают, вымеривают природу и беспрестанно сообщают друг другу свои обмерки? - ¿Какое из их многочисленных открытий может похвалиться, что оно столько же радости наделало на земном шаре, как открытия Арнольда де Виллановы с компаниею?

А кажется мы смышленее наших предков: мы обрезали крылья у воображения; мы составили для всего системы, таблицы; мы назначили предел, за который не должен переходить ум человеческий; мы определили чем можно и должно заниматься, так, что теперь ему уж не нужно терять времени по пустому и бросаться в страну заблуждений —

¿Но не в этом ли беда наша? ¿не от того ли что предки наши давали больше воли своему воображению, не от того ли и мысли их были шире наших, и обхватывая большее пространство в пустыне бесконечного, открывали то, чего нам ввек не открыть в нашем мышином горизонте?

Правда, нам и некогда; мы занимаемся гораздо важнейшими делами: мы составляем системы для общественного благоденствия, посредством которых целое общество благоденствует, а каждый из членов

страдает -, словно медик который бы облепил все тело больного
шпанскими мухами и стал его уверять, что от того происходит его
внутреннее здоровье; мы составляем статистические таблицы - посредством которых находим, что в одной стороне, с увеличением просвещения уменьшаются преступления, а в другой увеличиваются, - и
в недоумении ломаем голову над этим очень трудным вопросом; составляем рамку нравственной философии для особенного рода существ,
которые называются образами без лиц и стараемся подтянуть под нее
все лица с маленькими, средними и большими носами; мы отыскиваем
средства как бы провести целый день, не пропустив себе ни одной
мысли в голову, ни одного чувства в сердце; - как-бы обойтиться
без любви, без веры, без думанья, не двигаясь с места, словом без
всей этой фланели от которой неловко, шерстит, беспокоит; мы ищем
способа обделать так нашу жизнь, чтобы ее историю приняли на том
свете за расходную книгу церковного старосты: - и должно признаться, что во всем этом мы довольно успели; ¿а в медицине? мы
трудились, трудились - и открыли газы -, и заметьте в то самое
время, когда химик Беккер убил алхимию, - разобрали все металлы и
соли по порядку; соединяли, соединяли, разлагали, разлагали;
нашли железисто-синеродный потассий, положили его в тигель, расплавили, истолкли в порошок, прилили водохлорной кислоты, пропустили сквозь сухой хлористый кальций и проч. и проч. - сколько
работы! - и после всех этих трудов мы добыли наконец прелюбезную
жидкость с прекрасным запахом горького миндаля, - которую ученые
называют водосинеродною кислотою, acide hydrocyanique, acidum
borussicum, а другие acide prussique, - но которая во всяком
случае гасит человека разом, духом, - как свечу, опущенную в
мефитический воздух; мы даем эту жидкость нашим больным во всяких
болезнях и ни мало не жалеем когда больные не выздоравливают ...

Этими то -, некогда знаменитыми науками, - а именно: астрологическими, хиромантическими, парфеномантическими, онеиромантическими, кабалистическими, магическими и проч. и проч ... я
задумал, милостивый государь, заниматься, и нахожусь в твердой
уверенности, что когда-нибудь сделаю открытие в роде Арнольда
Вилланова! - и теперь хотя я еще не далеко ушел в сих науках, но

уж сделал весьма важное наблюдение: я узнал, какую важную роль играет на свете философская калцинация, сублимация и дистиллация.

Я расскажу вам, любезный читатель -, если вы до сих пор имели терпение продраться сквозь тернистую стезю моей необъятной учености, - я расскажу вам случившееся со мною происшествие и - поверьте мне - расскажу вам сущую правду, не прибавляя от себя ни одного слова; расскажу вам то, что видел, видел, своими глазами видел ...

* * * *

ГЛАВА II

КАКИМ ОБРАЗОМ СОЧИНИТЕЛЬ УЗНАЛ
ОТ ЧЕГО В ГОСТИННЫХ БЫВАЕТ ДУШНО

Я был на бале; бал был прекрасный; пропасть карточных столов еще больше людей, еще больше свечей, а еще больше конфет и мороженого. На бале было очень весело и живо; все были заняты: музыканты играли, игроки также, дамы искали, девушки не находили кавалеров, кавалеры прятались от дам: одни гонялись за партенерами, другие кочевали из комнаты в комнату; иные сходились в кружок, сообщали друг другу собранные ими замечания о температуре воздуха, и расходились; словом, у всякого было свое занятие, а между тем теснота и духота такая, что все были вне себя от восхищения. Я также был занят: к чрезвычайному моему удивлению и радости, от тесноты -, или так, по случаю, - мне удалось прижать к углу какого-то господина который только что проиграл 12 робертов сряду; и я в утешение принялся рассказывать ему: о походе Наполеона в 1812 году, об убиении Димитрия царевича, о монументе Минину и Пожарскому, и говорил так красноречиво, что у моего слушателя от удовольствия сделались судороги и глаза его невольно стали поворачиваться со стороны на сторону; ободренный успехом, я готов уже был приступить к разбору Несторовой летописи, когда к нам приблизился почтенный старец: высокого роста, полный, но бледный, в синем фраке, с впалыми глазами, с величественным на лице выражением, - приблизился, схватил моего товарища за руку и тихо, таинственным голосом произнес: „¿вы играете по пятидесяти?" Едва он произнес эти слова, как и старец в синем фраке и мой товарищ исчезли, - а я было только завел речь о том что Нестор списал свою летопись у Григория Арматолы ... Я обернулся и удивленными глазами спрашивал у окружающих объяснения сего странного происшествия ...

„¿Как вам не совестно было" сказал мне кто-то „держать столько времени этого несчастного? он искал партенера отыграться, а вы ему целый час мешали ..."

Я покраснел от досады, но скоро утешил мое самолюбие, рассудив что слова таинственного человека были не иное что как лозунг какого-нибудь тайного общества, к которому вероятно принадлежал и мой приятель; признаюсь, что это открытие меня ни мало не порадовало и я, размышляя как бы мне выпутаться из беды, и задыхаясь от жара, подошел к форточке которую благодетельный хозяин приказал отворить прямо против растанцевавшихся дам ...

К чрезвычайному моему удивлению из отворенной форточки не шел свежий воздух, а между тем на дворе было 20 градусов мороза, - ¿кто это мог знать лучше меня, меня который пробежал пешком из Коломны до Невского проспекта в одних башмаках? - Я вознамерился разрешить этот вопрос, вытянул шею, заглянул в форточку, смотрю: что-то за нею светится, - огонь не огонь, зеркало не зеркало; я призвал на помощь все мои кабалистические знания, ну исчислять, рассчислять, допытываться и ¿что же я увидел? за форточкою было выгнутое стекло которого края, продолжаясь и в верх и в низ, терялись из глаз; я тотчас догадался что тут кто-то чудесит над нами; вышел в двери - то же стекло у меня перед глазами; обошел кругом всего дома, высматривал, выглядывал, и открыл, - ¿что бы вы думали? что какой-то проказник посадил весь дом, мебели, шандалы, карточные столы и всю почтенную публику, и меня с нею вместе, в стеклянную реторту с выгнутым носом! Это мне показалось довольно любопытно. Желая узнать, чем кончится эта проказа, я воспользовался тою минутою, когда кавалеры с дамами задремали в мазурке, вылез в форточку и осторожно спустился - на дно реторты; тут-то я узнал от чего в гостиной было так душно! проклятый химик подвел под нас лампу и без всякого милосердия дистиллировал почтенную публику!...

* * * *

ГЛАВА III

ЧТО ПРОИСХОДИЛО С СОЧИНИТЕЛЕМ, КОГДА ОН ПОПАЛСЯ В РЕТОРТУ

Долго я размышлял над сим удивительным явлением, а между тем -, можете себе представить, почтенный читатель, каково мне было на дне реторты, над самым жаром; - мой новый, прекрасный черный фрак начал сжиматься и слетать с меня пылью; мой чистый, тонкий батистовый галстук покрылся сажею; башмаки прогорели; вся кожа на теле сморщилась и самого меня так покоробило, что я сделался вдвое меньше; наконец от волос пошел дым; мозг закипел в черепе и ну выскакивать из глаз в виде маленьких пузырьков которые лопались на воздухе; не стало мне силы терпеть эту калцинацию; возвратиться опять в комнаты уродом было бы слишком обидно для моей чистоплотной репутации; к тому же мне хотелось узнать: ¿зачем дистиллируют почтенную публику? - вот я и решился пробраться к узкому горлу реторты; с трудом я докарабкался до него, уперся ногами и увидел сквозь тонкое стекло, - ¿кого вы думаете? Соображая в уме древние предания, я ожидал, что увижу самого господина Луцифера с большими рогами, с длинным хвостом и растянутою харею; или хотя злобного старика, с насмешливою миною, в парике с кошельком, в сером французском кафтане и в красном плаще; или по крайней мере Мефистофеля в гишпанском костюме; или наконец, хотя одного из тех любезных молодых людей -, которых злодеи французы так хорошо рисуют на виньетках к своим романам, - в модном фраке, с большими бакенбардами, с двойным лорнетом. - Нет, милостивые государи, над почтеннейшею публикою потешался -, стыд сказать, - потешалось дитя; по нашему говоря, лет пяти; в маленькой курточке; без галстука; с кислою миною, с крошечными рожками и с маленьким, только

что показавшимся хвостиком!...
¿Не обидно ли это?
Уж старые черти не удостоивают и внимания наш 19 век!
Отдают его на потеху чертенятам!
Вот до чего мы дожили с нашею паровою машиною, альманахами, атомистическою химиею, пиявками, благоразумием наших дам, английскою философиею, общипанными фраками, французскою верою и с уставом благочиния наших гостиных. Досада взяла меня: я решился, призывая на помощь кабалистов всех веков и всего мира, отмстить за наш 19 век, проучить негодного мальчишку и с сим великодушным намерением сквозь узкое горло выскочил из реторты ...

* * * *

ГЛАВА IV

КАКИМ ОБРАЗОМ СОЧИНИТЕЛЬ ПОПАЛ
В ЛАТИНСКИЙ СЛОВАРЬ И ЧТО ОН В НЕМ УВИДЕЛ

„Суета, суета все замыслы человеческие," говорите, – ¿кто бишь говорит? да я говорю, – не в том сила. Уж сколько лет умышляются люди как бы на сем свете жизнью пожить, а суету в отставку выкинуть; – так нет, не дается; ведь кажется, суета не важный чиновник, а и под него умные люди умеют подкапываться. Живешь, живешь, нарахтишься, нарахтишься, жить – не живешь, смерти не знаешь, умрешь и ¿что же останется? сказать стыдно. ¿Неужели только? так эти все прекрасные слова: любовь, добро, ум, все это шутка? Нет, господа, извините; уж если кто ошибся, так скорее люди, нежели кто другой. Дело-то в том, кажется, что люди также принимаются за жизнь, как я за средство выбраться из реторты: ищем как бы полегче; ан не тут-то было!..

Едва я показал нос из реторты как сатаненок стиснул меня в щипцы, которыми обыкновенно энтомологи ловят мошек; потом хвать меня за уши да и сунь в претолстый латинский словарь –, ибо, вероятно известно почтеннейшему читателю, что с тех пор как некоторые черти, сидя в беснующихся, ошиблись, разговаривая по латыне, - Луцифер строго приказал чертям основательно учиться латинскому языку; а черти -, словно люди, - учиться не учатся, а все таки носятся с букварями.

Между тем мне было совсем не до латыни; проклятый дьяволенок так меня приплюснул, что во мне все косточки затрещали. Притом вообразите себе: в словаре холодно, темно, пахнет клеем, плесенью, чернилами, юфтью, нитками режет лицо, бока ломает о типографские буквы; признаюсь, что я призадумался. Долго не знал, что мне делать и что со мною будет, - горе меня взяло: еще никогда на сем свете мне так тесно не приходилось.

К счастию латинский словарь был переплетен на английский манер, т. е. с срезанным задком, - от этого нитки прорвали листы, листы распустились и между ними сделались довольно большие отверстия ... вот ведь я знаю что делаю, когда крепко на крепко запрещаю переплетчику срезывать задки у моих книг, нет хуже этого переплета, - между листов всегда может кто-нибудь прорваться.

Пользуясь невежеством чертей в переплетном деле, я ну поворачиваться со стороны на сторону и головою, словно шилом, увеличивать отверстие между листами и наконец -, к величайшему моему удовольствию, я достиг до того, что мог просунуть в отверстие голову. Едва удалось мне это сделать, как не теряя бодрости -, ибо издавна обращаясь с нечистою силою, чертей гораздо меньше боюсь, нежели людей, - я громким голосом закричал сатаненку:

„Молод еще, брат, потешаться над почтенною публикою - еще у тебя ус не пробило ..."

- Да уж хороша и потеха, - отвечал негодный мальчишка -, в других местах я таки кое-что набрал, а у вас в гостиных ¿льдины что ли сидят? кажется у вас и светло, и тепло, и пропасть свечей, и пропасть людей; ¿а чтож на поверку? день деньской вас варишь, варишь, жаришь, жаришь, а много много что выскочит из реторты наш же брат чертененок, не вытерпевший вашей скуки. Хоть бы попалась из гостиной какая-нибудь закружившаяся бабочка! и того нет, только и радости, что валит из реторты копоть да вода, вода да копоть, - индо тошно стало. -

Я оставил без ответа слова дерзкого мальчишки, хотя бы мог отвечать ему сильно и убедительно, и в этом случае — виноват — поступил по чувству эгоизма которым, вероятно, я заразился в гостиной: — я заметил,что сатаненок, по обычаю всех ленивых мальчишек, навертел указкою пропасть дыр на словаре; я тотчас расчел, что мне в них будет гораздо удобнее пролезть, нежели в отверстие, оставшееся между листами, и тотчас я принялся за работу и ну протираться из страницы в страницу.

Сие многотрудное путешествие которое можно сравнить разве с путешествиями капитана Парри между льдинами океана, было мне не бесполезно; на дороге я встретился с пауком, мертвым телом, колпаком, Игошею и другими любезными молодыми людьми которых проклятый бесенок собрал со всех сторон света, и заставлял разделять мою участь. Многие из этих господ, от долгого пребывания в словаре, так облепились словами, что начали превращаться в сказки: иной еще сохранял свой прежний образ; другой совсем превратился в печатную статью; а некоторые из них были ни то, ни сё: получеловек и полусказка ...

Поверив друг другу свои происшествия, мы стали рассуждать о средствах избавиться от нашего заточения; я представил сотоварищам план, весьма благоразумный, а именно: пробираясь сквозь дыры, наверченные указкою из страницы в страницу, поискать: ¿не найдем ли подобного отверстия и в переплете, сквозь который можно было бы также пробраться тихомолком?

Но представьте себе мой ужас и удивление, когда —, пока мы говорили, — я почувствовал, что сам начинаю превращаться в сказку: глаза мои обратились в эпиграф, из головы понаделалось несколько глав, туловище сделалось текстом, а ногти и волосы заступили место ошибок против языка и опечаток, необходимой принадлежности ко всякой книге ...

К щастию в это время бал кончился и гости, разъезжаясь, разбили реторту; сатаненок испугался и, схватя словарь под мышку, побежал помочь своему горю; но в торопях выронил несколько листов своей дурно переплетенной книги, а с листами некоторых из своих узников — в числе коих находился и ваш покорный слуга, почтенный читатель!

На чистом воздухе я употребил все известные мне магические способы, необходимые для того чтобы опять обратиться в человека - не знаю до какой степени удалось мне это; но едва я отлепился от бумаги, едва отер с себя типографские чернила, как почувствовал человеческую натуру: схватил оброненных сатаненком моих товарищей, лежавших на земле, и - вместо того чтобы помочь им, рассчитал, что гораздо для меня будет полезнее свернуть их в комок, запрятать в карман и наконец - представить их на благорассмотрение почтенного читателя ...

II

СКАЗКА
О МЕРТВОМ ТЕЛЕ, НЕИЗВЕСТНО КОМУ ПРИНАДЛЕЖАЩЕМ

> Правда, волостной писарь, выходя на четвереньках из шинка, видел, что месяц ни с сего ни с того танцевал на небе, и уверял с божбою в том все село; но миряне качали головами и даже подымали его на смех.
> *Гоголь*, в „Вечерах на хуторе".

По торговым селам Реженского уезда было сделано от земского суда следующее объявление:

„От Реженского земского суда объявляется, что в ведомстве его, на выгонной земле деревни Морковкиной-Наташиной тож, 21-го минувшего ноября найдено неизвестно чье мертвое мужеска пола тело, одетое в серый суконный ветхий шинель; в нитяном кушаке, жилете суконном красного и отчасти зеленого цвета, в рубашке красной пестрядинной; на голове картуз из старых пестрядинных тряпиц с кожаным козырьком: от роду покойному около 43 лет, росту 2 арш. 10 вершков, волосом светло-рус, лицом бел, гладколиц, глаза серые, бороду бреет, подбородок с проседью, нос велик и несколько на сторону, телосложения слабого. По чему сим объявляется: не окажется ли оному телу бывших родственников или владельца оного тела; таковые благоволили бы уведомить от себя в село Морковкино-Наташино тож, где и следствие об оном, неизвестно кому принадлежащем, теле производится; а если таковых не найдется, то и о том благоволили бы уведомить в оное же село Морковкино."

Три недели прошло в ожидании владельцев мертвого тела; никто не являлся, и наконец заседатель с уездным лекарем отправились к помещику села Морковкина в гости; в выморочной избе отвели квартиру приказному Севастьянычу, также прикомандированному на следствие. В той же избе, в заклети, находилось мертвое тело, которое назавтра суд собирался вскрыть и похоронить обыкновенным порядком. Ласковый помещик для утешения Севастьяныча в его уединении прислал ему с барского двора гуся с подливой да штоф домашней желудочной настойки.

Уже смерклось. Севастьяныч, как человек аккуратный, вместо того чтоб, по обыкновению своих собратий, взобраться на полати возле только что истопленной печи, - рассудил за благо заняться приготовлением бумаг к завтрашнему заседанию, по тому более уважению, что хотя от гуся остались одни кости, но только четверть штофа была опорожнена; он предварительно поправил светильню в железном ночнике, нарочито для подобных случаев хранимом старостою села Морковкина, - и потом из кожаного мешка вытащил старую замасленную тетрадку. Севастьяныч не мог смотреть на нее без умиления: то были выписки из различных указов, касающихся до земских дел, доставшиеся ему по наследству от батюшки, блаженной памяти подьячего с приписью, в городе Реженске за ябеды, лихоимство и непристойное поведение отставленного от должности, с таковым, впрочем, пояснением, чтобы его впредь никуда не определять и просьб от него не принимать, - за что он и пользовался уважением всего уезда. Севастьяныч невольно вспоминал, что эта тетрадка была единственный кодекс, которым руководствовался Реженский земский суд в своих действиях; что один Севастьяныч мог быть истолкователем таинственных символов этой Сивиллиной книги; что посредством ее магической силы он держал в повиновении и исправника и заседателей и заставлял всех жителей околотка прибегать к себе за советами и наставлениями; почему он и берег ее как зеницу ока, никому не показывал и вынимал из-под спуда только в случае крайней надобности; с усмешкою он останавливался на тех страницах, где частью рукою его покойного батюшки и частью его собственною были то замараны, то вновь написаны разные незначащие частицы: как-то: *не, а, и* и проч., и естественным образом Севастьянычу приходило на ум: как глупы люди и как умны он и его батюшка.

Между тем он опорожнил вторую четверть штофа и принялся за работу; но пока привычная рука его быстро выгибала крючки на бумаге, его самолюбие, возбужденное видом тетрадки, работало: он вспоминал, сколько раз он перевозил мертвые тела на границу соседнего уезда и тем избавлял своего исправника от излишних хлопот; да и вообще: составить ли определение, справки ли навести, подвести ли законы, войти ли в сношение с просителями, рапортовать ли начальству о невозможности исполнить его предписания, - везде и на все Севастьяныч; с улыбкою вспоминал он об изобретенном им средстве: всякий повальный обыск обращать в любую сторону; он вспомнил, как еще недавно таким невинным способом он спас одного своего благоприятеля, - этот благоприятель сделал какое-то дельце, за которое мог бы легко совершить некоторое не совсем приятное путешествие; учинен допрос, наряжен повальный обыск, - но при сем случае Севастьяныч надоумил спросить прежде всех одного грамотного молодца с руки его благоприятелю: по словам грамотного молодца написали бумагу, которую грамотный молодец, перекрестяся, подписал, а сам Севастьяныч приступил к одному обывателю, к другому, к третьему с вопросом: „¿И ты тоже, и ты тоже?" - да так скоро начал перебирать их, что, пока обыватели еще чесали за ухом и кланялись, приготовляясь к ответу, - он успел их переспросить всех до последнего, и грамотный молодец снова, за неумением грамоты своих товарищей, подписал, перекрестяся, их единогласное показание. С не меньшим удовольствием вспоминал Севастьяныч, как при случившемся значительном начете на исправника он успел вплести в это дело человек до пятнадцати, начет разложить на всю братию, а потом всех и подвести под милостивый манифест. Словом, Севастьяныч видел, что во всех знаменитых делах Реженского земского суда он был единственным виновником, единственным выдумщиком и единственным исполнителем; что без него бы погиб заседатель, погиб исправник, погиб и уездный судья, и уездный предводитель; что им одним держится древняя слава Реженского уезда, - и невольно по душе Севастьяныча пробежало сладкое ощущение собственного достоинства. Правда, издали как будто из облаков - мелькали ему в глаза сердитые глаза губернатора, допрашивающее лицо секретаря уголовной палаты; но он посмотрел на занесенные метелью окошки; подумал о трехстах верстах, отделяющих его от сего ужасного призрака; для увеличения бодрости выпил третью четверть штофа - и мысли его сделались гораздо веселее: ему представился его веселый реженский домик, нажитый своим умком; бутыли с наливкою на окошке между двумя бальзаминными горошками; шкаф с посудою и между нею в середине на почетном месте хрустальная на фарфоровом блюдце перешница: вот идет его полная белолицая Лукерья Петровна; в руках у ней сдобный крупичатый каравай; вот телка, откормленная к святкам, смотрит на Севастьяныча; большой чайник с самоваром ему кланяется и подвигается к нему; вот теплая лежанка, а возле лежанки перина с камчатным одеялом, а под периною свернутый лоскут пестрядки, а в пестрядке белая холстинка, и в холстинке кожаный книжник, а в книжнике серенькие бумажки; тут воображение перенесло Севастьяныча в лета его юности, ему представилось его бедное житье-бытье в батюшкином доме; как часто он голодал от матушкиной скупости; как его отдали к дьячку учиться грамоте, - он от души хохотал, вспоминая, как однажды с товарищами забрался к своему учителю в сад за яблоками и напугал дьячка, который принял его за настоящего вора; как за то был высечен и в отмщение оскоромил своего учителя в самую страстную пятницу; потом представлялось ему: как наконец он обогнал всех своих сверстников и достиг до того, что читал апостол в приходской церкви, начиная самым густым басом и кончая самым тоненьким голоском, на удивление всему городу; как исправник, заметив, что в ребенке будет прок, приписал его к земскому суду; как он начал входить в ум; оженился с своею дражайшею Лукерьей Петровной; получил чин губернского регистратора, в коем и до днесь пребывает да добра наживает; сердце его растаяло от умиления, и он на радости опорожнил и последнюю четверть обворожительного напитка. Тут пришло Севастьянычу в голову, что он не только что в приказе, но хват на все руки: как заслушиваются его, когда он под вечерок в веселый час примется рассказывать о Бове Королевиче, о похождениях Ваньки Каина, о путешествии купца Коробейникова в Иерусалим - неумолкаемые гусли, да и только! - и Севастьяныч начал мечтать: куда бы хорошо было, если бы у него была сила Бовы Королевича и он бы смог кого за руку - у того рука прочь, кого за голову - у того голова прочь; потом захотелось ему посмотреть, что за Кипрский таков остров есть, который, как описывает Коробейников, изобилен деревянным маслом и греческим мылом, где люди ездят на ослах и на верблюдах, и он стал смеяться над тамошними обывателями, которые не могут догадаться запрячь их в сани; тут начались в голове его рассуждения: он нашел, что или в книгах неправду пишут, или вообще греки должны быть народ очень глупый, потому что он сам расспрашивал у греков, приезжавших на реженскую ярмарку с мылом и пряниками и которым, кажется, должно было знать, что в их земле делается, - зачем они взяли город Трою - как именно пишет Коробейников, - а Царьград уступили туркам! и никакого толка от этого народа не мог добиться: что за Троя такая, греки не могли ему рассказать, говоря, что вероятно, выстроили и взяли этот город в их отсутствие; пока он занимался этим важным вопросом, пред глазами его проходили: и арабские разбойники; и Гнилое море; и процессия погребения кота; и палаты царя Фараона, внутри все вызолоченные; и птица Строфокамил, вышиною с человека, с утиною головою, с камнем в копыте ...

Его размышления были прерваны следующими словами, которые кто-то проговорил подле него:

- Батюшка, Иван Севастьяныч! я к вам с покорнейшею просьбою.

Эти слова напомнили Севастьянычу его роль приказного, и он, по обыкновению, принялся писать гораздо скорее, наклонил голову как можно ниже и, не сворачивая глаз с бумаги, отвечал протяжным голосом:

- ¿Что вам угодно?

- Вы от суда вызываете владельцев поднятого в Морковкине

мертвого тела.

— Та-ак-с.

— Так изволите видеть — это тело мое.

— Та-ак-с.

— ¿Так нельзя ли мне сделать милость, поскорее его выдать?

— Та-ак-с.

— А уж на благодарность мою надейтесь ...

— Та-ак-с. ¿Что же покойник-та, крепостной, что ли, ваш был?..

— Нет, Иван Севастьяныч, какой крепостной, это тело мое, собственное мое ...

— Та-ак-с.

— Вы можете себе вообразить, каково мне без тела ... сделайте одолжение, помогите поскорее.

— Все можно-с, да трудновато немного скоро-то это сделать, — ведь оно не блин, кругом пальца не обвернешь; справки надобно навести ... Кабы подмазать немного ...

— Да уж в этом не сомневайтесь, — выдайте лишь только мое тело, так я и пятидесяти рублей не пожалею ...

При сих словах Севастьяныч поднял голову, но, не видя никого, сказал:

— Да войдите сюда, что на морозе стоять.

— Да я здесь, Иван Севастьяныч, возле вас стою.

Севастьяныч поправил лампадку, протер глаза, но, не видя ничего, пробормотал:

— Тьфу, к черту! — ¿да что я, ослеп, что ли? я вас не вижу, сударь.

— Ничего нет мудреного! ¿как же вам меня видеть? я — без тела!

— Я, право, в толк не возьму вашей речи, дайте хоть взглянуть на себя.

— Извольте, я могу вам показаться на минуту ... только мне это очень трудно ...

И при этих словах в темном углу стало показываться какое-то лицо без образа: то явится, то опять пропадет, словно молодой человек, в первый раз приехавший на бал, — хочется ему подойти к дамам и боится, выставит лицо из толпы и опять спрячется...

— Извините-с, — между тем говорил голос, — сделайте милость, извините, вы не можете себе вообразить, как трудно без тела показываться!.. сделайте милость, отдайте мне его поскорее, — говорят вам, что пятидесяти рублей не пожалею.

— ¿Рад вам служить, сударь, но, право, в толк не возьму ваших речей ... есть у вас просьба?..

— ¿Помилуйте, какая просьба? ¿как мне было без тела ее написать? уж сделайте милость, вы сами потрудитесь.

— Легко сказать, сударь, потрудиться, говорят вам, что я тут ни черта не понимаю ...

— Уж пишите только, — я вам буду сказывать.

Севастьяныч вынул лист гербовой бумаги.

— Скажите, сделайте милость: ¿есть ли у вас по крайней мере чин, имя и отчество?

— ¿Как же?.. Меня зовут Цвеерлей-Джон-Луи.

— ¿Чин ваш, сударь?

— Иностранец.

И Севастьяныч написал на гербовом листе крупными словами:

„В Реженский земский суд от иностранного недоросля из дворян Савелия Жалуева, объяснение."

— ¿Что ж далее?

— Извольте только писать, я уж вам буду сказывать; пишите: имею я ...

— ¿Недвижимое имение, что ли? — спросил Севастьяныч.

— Нет-с: имею я несчастную слабость ...

— ¿К крепким напиткам, что ли? О, это весьма непохвально ...

— Нет-с: имею я несчастную слабость выходить из моего тела ...

— Кой черт! — вскричал Севастьяныч, кинув перо, — да вы меня морочите, сударь!

— Уверяю вас, что говорю сущую правду, пишите, только знайте: пятьдесят рублей вам за одну просьбу, да пятьдесят еще, когда выхлопочете дело ...

И Севастьяныч снова принялся за перо.

„Сего 20 октября ехал я в кибитке, по своей надобности, по

реженскому тракту, на одной подводе, и как на дворе было холодно, и дороги Реженского уезда особенно дурны ..."

— Нет, уж на этом извините, — возразил Севастьяныч, — этого написать никак нельзя, это личности, а личности в просьбах помещать указами запрещено ...

— По мне, пожалуй; ну, так просто: на дворе было так холодно, что я боялся заморозить свою душу, да и вообще мне так захотелось скорее приехать на ночлег ... что я не утерпел ... и по своей обыкновенной привычке выскочил из моего тела ...

— Помилуйте! — вскричал Севастьяныч.

— Ничего, ничего, продолжайте; ¿что ж делать, если такая у меня привычка ... ведь в ней ничего нет противозаконного, не правда ли?

— Та-ак-с, — отвечал Севастьяныч, — ¿что ж далее?

— Извольте писать: выскочил из моего тела, уклал его хорошенько во внутренности кибитки ... чтобы оно не выпало, связал у него руки вожжами и отправился на станцию в той надежде, что лошадь сама прибежит на знакомый двор ...

— Должно признаться, — заметил Севастьяныч, — что вы в сем случае поступили очень неосмотрительно.

— Приехавши на станцию, я влез на печку отогреть душу, и когда, по расчислению моему, лошадь должна была возвратиться на постоялый двор ... я вышел ее проведать, но, однако же, во всю ту ночь ни лошадь, ни тело не возвращались. На другой день утром я поспешил на то место, где оставил кибитку ... но уже и там ее не было ... полагаю, что бездыханное мое тело от ухабов выпало из кибитки и было поднято проезжим исправником, а лошадь уплелась за обозами ... После трехнедельного тщетного искания я, уведомившись ныне о объявлении Реженского земского суда, коим вызываются владельцы найденного тела, покорнейше прошу оное мое тело мне выдать, яко законному своему владельцу ... к чему присовокупляю покорнейшую просьбу, дабы благоволил вышеписанный суд сделать распоряжение оное тело мое предварительно опустить в холодную воду, чтобы оно отошло; если же от случившегося падения есть в том часто упоминаемом тсле какой-либо изъян или оное от мороза где-либо попортилось, то оное чрез уездного лекаря приказать поправить на мой кошт

45

и о всем том учинить как законы повелевают, в чем и подписуюсь.

— Ну, извольте же подписывать, — сказал Севастьяныч, окончив бумагу.

— Подписывать! легко сказать! говорят вам, что у меня теперь со мною рук нету — они остались при теле; подпишите вы за меня, что за неимением рук ...

— Нет! извините, — возразил Севастьяныч, — этакой и формы нет, а просьб, писанных не по форме, указами принимать запрещено; если вам угодно: за неумением грамоты ...

— Как заблагорассудите! по мне все равно.

И Севастьяныч подписал: „К сему объяснению за неумением грамоты, по собственной просьбе просителя, губернский регистратор Иван Севастьянов сын Благосердов руку приложил."

— Чувствительнейше вам обязан, почтеннейший Иван Севастьянович! Ну, теперь вы похлопочите, чтоб это дело поскорее решили; не можете себе вообразить, как неловко быть без тела!.. а я сбегаю покуда повидаться с женою, будьте уверены, что я уже вас не обижу.

— Постойте, постойте, ваше благородие! — вскричал Севастьяныч, — в просьбе противоречие. ¿Как же вы без рук уклались или уклали в кибитке свое тело? Тьфу к черту, ничего не понимаю.

Но ответа не было. Севастьяныч прочел еще раз просьбу, начал над нею думать, думал, думал ...

Когда он проснулся, ночник погас и утренний свет пробился сквозь обтянутое пузырем окошко. С досадою он взглянул на пустой штоф, пред ним стоявший; эта досада выбила у него из головы ночное происшествие, он забрал свои бумаги не посмотря и отправился на барский двор в надежде там опохмелиться.

Заседатель, выпив рюмку водки, принялся разбирать Севастьянычевы бумаги и напал на просьбу иностранного недоросля из дворян.

— Ну, брат Севастьяныч, — вскричал, прочитав ее, — ты вчера на сон грядущий порядком подтянул; экую околесину нагородил! Послушайте-ка, Андрей Игнатьевич, — прибавил он, обращаясь к уездному лекарю, — вот нам какого просителя Севастьяныч предоставил. — И он прочел уездному лекарю курьезную просьбу от слова до слова, помирая со смеху.

— Пойдемте-ка, господа, — сказал он наконец, — вскроемте это болтливое тело, да если оно не отзовется, так и похороним его подобру-поздорову, — в город пора.

Эти слова напомнили Севастьянычу ночное происшествие, и как оно ни странно ему казалось, но он вспомнил о пятидесяти рублях, обещанных ему просителем, если он выхлопочет ему тело, и серьезно стал требовать он заседателя и лекаря, чтоб тело не вскрывать, потому что этим можно его перепортить, так что оно уже никуда не будет годиться, а просьбу записать во входящий обыкновенным порядком.

Само собою разумеется, что на это требование Севастьянычу отвечали советами протрезвиться, тело вскрыли, ничего в нем не нашли и похоронили.

После сего происшествия мертвецова просьба стала ходить по рукам; везде ее списывали, дополняли, украшали, читали, и долго реженские старушки крестились от ужаса, ее слушая.

Предание не сохранило окончания сего необыкновенного происшествия: в одном соседнем уезде рассказывали, что в то самое время, когда лекарь дотронулся до тела своим бистурием, владелец вскочил в тело, тело поднялось, побежало и что за ним Севастьяныч долго гнался по деревне, крича изо всех сил: „Лови, лови покойника!"

В другом же уезде утверждают, что владелец и до сих пор каждое утро и вечер приходит к Севастьянычу, говоря: „¿Батюшка Иван Севастьяныч, что ж мое тело? ¿Когда вы мне его выдадите?" — и что Севастьяныч, не теряя бодрости, отвечает: „А вот собираются справки." Тому прошло уже лет двадцать.

III

ЖИЗНЬ И ПОХОЖДЕНИЯ ОДНОГО ИЗ ЗДЕШНИХ ОБЫВАТЕЛЕЙ В СТЕКЛЯННОЙ БАНКЕ, ИЛИ НОВЫЙ ЖОКО

(Классическая повесть)

> Il n'est point de serpent, ni de
> monstre odieux,
> Qui par l'art imité ne puisse plaire
> aux yeux.
> *Boileau.*
>
> Змеи, чудовища, все гнусные создания
> Пленяют часто нас в искусствах
> подражания.
> *Перевод Графа Хвостова.*

„...Что касается до меня," сказал мне один из любезных молодых людей, „то все ваши несчастия - ничто перед моими. Великая важность, что вы попали в словарь! Сколько млекопитающихся желали бы добиться этой чести. Мне так напротив здесь очень хорошо: я так пообтерся о печатные листы, что -, сказать без самолюбия, - я никак не променяю теперешнего моего образа на прежний. Не будь я сказкою, - я бы ввек не понял, что со мною случилось; - теперь по крайней мере, волею неволею, а должен ясно понимать все обстоятельства моей жизни, быть готовым каждому отдать в ней отчет, а это право не безделица. Вы горюете, господа, о том, что попались в словарь! ¿Что бы сказали когда б, подобно мне, вы попались в стеклянную банку и подверглись бы опасности быть съедену собственным вашим родителем? Не удивляйтесь, господа, я рассказываю сущую правду.

Но прежде, нежели я приступлю к повествованию, я должен изъяснить вам мое недоумение о предмете, которого я и до сих пор не постигаю: ¿Зачем вы, господа человеки, терпите посреди себя злодеев, которые только и дела делают что снимают черепа, разбирают мозг, растягивают сердце на булавочках, обрывают ноги, - злодеи! которых вы называете природонаблюдателями, естествоиспытателями, энтомологами и проч. т. п? ¿Зачем эти господа? ¿Зачем их холодные преступления? ¿На какую пользу? Я до сих пор этого постичь не могу.

Вы улыбаетесь, - вы как будто хотите сказать, что я не пойму ваших объяснений. Так и быть, - я и на то согласен ...

Слушайте ж:

Я происхожу от рода древнего и знаменитого Арахнидов или Аранеидов -, ибо до сих пор наши летописцы спорят о нашем наименовании. Существует предание, что мы род свой ведем от крокодилов; египетские гиероглифы, где нас или наших единоплеменников изображают вместе с нашими праотцами и творения Елияна могут служить вам в том порукою; вообще мы играли важную роль в древности: знаменитая Лидийская жена, гонимая Минервою, приняла наш образ; Аристотель описывал наши древние битвы с ящерицами; Демокрит уверял, что мы употребляем наши сети как дикобраз свои иглы; Плиний свидетельствовал, что достаточно двух насекомых, находящихся в нашей внутренности для того чтобы истребить человека прежде его рождения, и такова наша важность в природе, что над нашими колыбелями долго спорили ученые называть ли их nymphae oviformes!

Семейство наше принадлежит к славной фамилии Ктенизов и отец мой назывался *Ликос*, - слово, которого высокое значение вы должны понять, если знаете по-гречески. Для наших обиталищ мы роем в земле глубокие пещеры; ко входу укрепляем камни и дерево, которые гордо поворачиваются на своих вереях - от нас люди заняли то, что они называют дверями. Сверх того -, говоря красноречивыми устами наших биографов, - природа дала нам: два четыресоставные кусательные острия, челюсти зубчатые, снабженныя когтиком; но, что всего важнее, одарила нас проворством, хитростью, силою мышиц и неукротимою храбростью. Увы! может быть в ней она положила зародыш и нашего злополучия!

С самых юных лет я боялся отца моего; его грозный вид, его жестокосердие устрашали меня; каждый взгляд его, казалось, грозил мне погибелью; матери моей давно уже не было; все братья мои стали жертвою его естественной лютости; уцелел один я, ибо мне удалось убежать из отеческого дома; я скрылся среди диких дебрей моей отчизны и часто, среди густых кустарников, с трепетом смотрел как отец мой раскидывал сети пернатым, с каким искусством он заманивал их, или с какою жадностью истреблял себе подобных. Между тем мне надобно было помыслить о своем пропитании; я решился, по примеру отца, сделаться охотником, расставлять сети; природа помогла мне: слабыми мышцами я натянул верви, притаился и мне пощастливилось; пернатые, хотя изредка, но попадались ко мне; я питался ими. Так протекло долгое время, несколько уже раз светлое теплое лето уступало место мрачной холодной зиме и снова явилось и согревало мое жилище; я возмужал; пламенные страсти начали волновать меня и я стал искать себе подруги. Природа, моя руководительница, совершила мое желание; я нашел подругу; взаимная любовь укрепила связь нашу; - мы быстро пробегали с нею высокие скалы; на легких вервиях спускались в пропасти, вместе расставливали сети, вместе ловили пернатых и весело разделяли последнюю каплю росы, посылаемой небом; вскоре я увидел необходимость увеличить мое жилище, далее раскидывать сети: уже подруга моя чувствовала себя беременною, она уже боялась оставлять свое жилище, и я один должен был доставлять ей пищу; с какою радостью ходил я на охоту; природная ловкость и хитрость казалось во мне увеличились; я презирал опасности, смело нападал на врагов наших и во время зимы -, когда небо темно и когда тягостной сон налагал цепи на всех обитателей моей отчизны, - я в теплом гнезде благословлял природу. - Но увы! не долго продолжалось это блаженство. Скоро наступили тяжкие времена!

молва о могуществе и лютости отца моего ежедневно увеличивалась; уже почти все соседи мои или сделались его жертвою, или оставили родину; каждый день владения отца моего распространялись; от природы быстрый и сильный, он взлезал на высокие скалы, внимательным глазом осматривал все его окружающее и как молния ниспадал на свою добычу. Уже отец мой приближался к моему жилищу; уже часто сети отца моего касались моих сетей и стопы его потрясали мое убежище. Я в ужасе не оставлял ни на минуту моей подруги; к счастью отец еще не приметил ее; но к величайшему моему прискорбию часто он выхватывал добычу, попавшуюся в мои сети, и вместо прежней обильной пищи я принужден был разделять лишь голод с моею подругою. Еще я скрывал от нее весь ужас нашей участи; терпеливо сносил, когда она упрекала меня в бездействии, когда умоляла меня утолить ее голод; но наконец силы ее стали истощеваться; бледность начала разливаться по ней; все мышцы ее пришли в оцепенение ... в грусти я вышел из моего жилища, - вижу: сеть шевелится, еще, - уже в мыслях ловлю добычу, несу к моей возлюбленной, утоляю и ее и свой голод ... таюсь, быстро бросаюсь к своей цели ... ¿что же? отец пожирает добычу мне принадлежащую! отчаяние овладело мною; в порыве мщения я решился сразиться с врагом моим, несмотря на превосходство его силы, - но в ту минуту мысль о подруге - необходимой жертве врага после моей погибели, эта мысль поразила меня; я удержал себя и скрепя сердце смотрел как отец мой утолил свой голод, изорвал сеть, мною раскинутую, и гордый, спокойный, возвратился в свои владения. Между тем новые намерения родились в голове моей.

Близ нашей родины находилась ужасная пропасть: границы ее терялись в отдалении и глубины ее никто еще не решался измерить; видно однакоже было, что огромные камни покрывали дно ее и мутный источник шумел между ними; некоторые смельчаки решались спускаться в сию пропасть, но все они пропали без вести, и носилась молва, что их всех унес поток в своем стремлении. Несмотря на то, один из моих соседей ¬, по природе любивший путешествовать, - рассказывал мне, что за этою пропастью есть не только страны, подобные нашей, но что близко их есть еще другие ¬, совсем от наших отличные, -

где царствует вечное лето и где дичи так много, что сетей почти не для чего раскидывать. До сих пор я считал рассказы моего соседа баснею и совсем было забыл о них; но в сию минуту они пришли мне в голову, ¿что же? подумал я: везде гибель неминуемая: или будем жертвою гневного врага, или умрем с голода - это верно; страшно и неизвестное, - но в нем есть всегда какой-то призрак надежды, испытаем! Сказано - сделано; я прицепил легкую вервь к вершине скалы и принялся спускаться: скоро достиг я другой скалы которая служила подножием первой и к ней также прицепил веревку, потом к третьей; наконец уже не было скал подо мною, я качался между небом и землею, и -, несмотря на подымавшийся ветер, - любопытным взором осматривал все меня окружающее; уже близко был я к земле; видел, как водяное море протекало между морем камней и приметил, что в одном месте удобно было переправиться чрез него на другую сторону, где как мне казалось, зеленелись такие же роскошные стремнины как и в моей родине. Надежда моя возрасла, и радость взволновала сердце, - как вдруг веревка моя сильно закачалась, это удивило меня, быстро поднялся я наверх и ¿что же увидел? - отец мой гнался за моей подругой; в мое отсутствие он заметил ее, воспылал к ней преступною страстью! нещастная собрала последние силы и увидев веревку, опущенную в пропасть, решилась по ней спуститься; я поспешил ей помочь, уже мы были на половине пути, как вдруг дунул порывистый ветер, вервь оборвалась, и я очутился в бурном потоке; к счастью берег был близко и я, несмотря на ослабевшие мои силы, выбрался на сушу; минута собственной опасности заставила меня позабыть о моей подруге, - эта минута прошла, грусть и недоумение сжали мое сердце. ¿Где найти мою подругу, где найти мое пепелище? Между тем вдруг солнце затмилось, гляжу: две, - не знаю как назвать, - две движущиеся горы надо мною; небольшие рытвины, расположенные полукружием покрывали их и во внутренности с шумом переливалась какая-то красноватая жидкость; они приближаются, я слышу мерные удары какого-то молота, на меня пашет жар, отличный от солнечного; я сжат между двумя горами; не знаю что было со мною в эту минуту, ибо я потерял чувства; когда же опомнился, то увидел себя в каком-то странном жилище, которого великолепие тщетно я бы хотел изобразить вам.

Вокруг меня были блестящие, прозрачные стены; в первую минуту мне показалось, что то были слившиеся капли росы; но они составлены были частью из кристальных колонн, самых разнообразных, - частью из шаров, наполненных воздухом, но столь плотно и искусно сжатых, что между ними едва заметны были отверстия; вскоре солнце осветило мое жилище; тьмочисленные краски заиграли на кристаллах; переливались радужные цветы и отражаясь на поверхности моего тела, беспрестанно производили во мне новые, разнообразные, сладкие ощущения! - как описать это величественное зрелище! еще прежде я любил смотреть, когда солнце пораждало цветы на каплях росы, но никогда я не мог вообразить, чтобы лучей его достало украсить столь обширное жилище, какова была моя темница.

Темница - сказал я. Так! несмотря на все великолепие, меня окружавшее, - я все думал о прежнем моем жилище, о моей подруге, о моей независимости. Хватаясь за оконечности кристаллов, привязывая к ним верви, я хотя с трудом, но добрался до половины стены, - вдруг что-то зашумело над моею головою, - новое чудо! - стадо пернатых влетело в мое жилище. С новым усилием я продолжал подниматься, желая найти то отверстие, в которое влетели пернатые; „вокруг меня сплошные стены," думал я - „это отверстие должно находиться вверху!" - ¿но что увидел я, достигши до потолка? Он был не что иное как сбор произведений почти из всех царств природы, соединенных между собою почти так же, как мы соединяем верви сетей. Я не мог довольно надивиться искусству того существа которое составило эту ткань; в ней видны были остатки растений, остатки насекомых, минералы, все это держалось чудною связью; каких усилий, каких трудов было надобно, чтобы не только укрепить это все между собою, но даже собрать с разных концов вселенной. Всего удивительнее показалось мне то, что эта ткань плотно прилегала к кристаллу, но однако не была к нему привязана.

Лишь здесь удалось мне объяснить себе для какого употребления могла быть эта чудная ткань; но и здесь еще я спрашиваю самого себя ¿эта драгоценная ткань, **несмотря** на все свое великолепие, может ли быть столь же полезна как наши сети? - и не один я; я знаю: многие люди еще не решили этого вопроса.

Не нашед отверстия, я опустился вниз и видя невозможность вырваться из моей темницы, - решился в ожидании удобного к тому случая, воспользоваться дарами судьбы или мощного волшебника пославшего мне пернатых. К счастью мне это не стоило большого труда; все они были весьма слабы и не попадали, а падали в сети которые я расставлял им.

Так прошло долгое время, солнце уже начинало скрываться, я приготовлял себе теплый угол на время зимы; ¿но как изобразить мое удивление? едва сокрылось солнце, как явилось другое. Признаюсь, трепет обнял меня, когда я подумал до какой степени может простираться власть чародеев! Вызвать свое солнце - как бы в насмешку над светилом природы! превратить ее порядок! до сих пор я не могу вспомнить об этом без ужаса! Правда, это волшебное солнце только светом напоминало о настоящем; не было у него теплоты; но несмотря на то, оно также как настоящее, раскрашивало стены кристаллов меня окружавшие.

В то время как я рассматривал это чудное явление, послышался далекий гром -- Ну, думал я, он разразит чародея за его преступления, разрушит мою темницу и я восторжествую ...

Чрез мгновение я заметил, что этот гром был действие самого чародейства; он не походил на обыкновенный гром природы ибо продолжался беспрерывно; между тем жилище мое трепетало; не только каждый кристалл отзывался внешним звукам, но даже вервь, на которой я находился, звучала; доселе я не могу себе объяснить этого странного действия: вероятно чародей, во власти которого я находился, совершал в это время какое-либо столь страшное таинство, что все предметы им сотворенные вторили его заклинаниям; еще более уверяет меня в этом то, что трепет окружавших меня предметов и на меня распространился; мало по малу все мои мышцы стали приходить в движение; чувство, подобное чувству любви, меня взволновало; невидимая сила приковала к тому месту, где были слышнее звуки и на меня нашло сладкое самозабвение; - не знаю долго ли продолжалось это состояние; когда я опомнился, тогда уже чародейская сила иссякла; звуки умолкли, ложное солнце погасло и мрак облекал всю природу.

Однажды, когда светило дня сияло во всем блеске и жар его усиливался, проходя сквозь щары, находившиеся в стенах моей темницы, - снова я услышал шум, потолок приподнялся и ¿как выразить мое восхищение? я увидел мою подругу, мое гнездо; оставляю сердцам чувствительным дополнить, что я чувствовал в эту минуту; темница мне показалась чистой, свободной равниной, - и я может быть только в сию минуту оценил вполне ее великолепие; но не долго продолжался мой восторг - снова потолок зашевелился, и о ужас! мой отец спустился в мою темницу.

С сего времени начались мои бедствия; в великолепном замке негде было укрыться от отца моего; -- пока еще были пернатые, я был спокоен; но известна жадность отца моего; скоро он истребил всех пернатых; новых не являлось на их место; голод представился нам со всеми терзаниями. К величайшей горести я в тоже время сделался отцом многочисленного семейства, потребности увеличились; ¿рассказывать ли все ужасы нашего положения? - Уже многие из детей моих сделались жертвою отца моего; в страхе, полумертвые бродили мы с моею подругою по великолепным кристаллам; наконец природа превозмогла! однажды -, уже мрак начинал распространяться, - вдруг я замечаю,что нет со мною подруги, собираю последние силы, обхожу замок и увы! в отдаленном углу подруга моя пожирает собственное детище! в эту минуту все чувства вспыли во мне: и гнев, и голод, и жалость все соединилось, и я умертвил и пожрал мою подругу.

После одного преступления другие уже кажутся легкими: - вместе с отцом моим мы истребили все, что было живого в темнице; наконец мы встретились с ним на трепещущем теле моего последнего сына; мы взглянули друг на друга, измеряли свои силы, готовы были броситься на смертную битву ... как вдруг раздался страшный треск, темница моя разлетелась в дребезги и с тех пор я не видал более отца моего ...

¿Что скажете? - ¿моя повесть не ужаснее ли повести Эдипа, рассказов Энея?

Но вы смеетесь, вы не сострадаете моим бедствием!

Слушайте же гордые люди! отвечайте мне ¿вы сами уверены ли, убеждены ли вы как в математической истине, что ваша земля земля, а что вы - люди? ¿что если ваш шар, который вам кажется столь обширным -, на котором вы гордитесь и своими высокими мыслями и смелыми изобретениями, - что, если вся эта спесивая громада не иное что как гнездо неприметных насекомых на какой-нибудь другой земле? ¿что, если исполинам на ней живущим вздумается делать над вами -, как надо мною, - физические наблюдения, для опыта морить вас голодом, а потом прехладнокровно выбросить и вас и земной шар за окошко? Изрытыми горами вам покажутся их пальцы, морем их канавка, годом - их день, свечка - волшебным солнцем, великолепным замком - банка, покрытая бумагой, смиренно стоящая на окне и в которой вы по тонкости своего взора заметите то, чего исполины не замечают. - А! Господа! ¿что вы на это скажете?..."

Господин Ликос замолчал, - не знаю что подумали другие, - но меня до смерти испугали его вопросы; испугали больше, нежели пугают гг. критики, которым я смело отдаю на съеденье моего мохноногого героя, - пусть они себе кушают его на здоровье!

IV

СКАЗКА

О ТОМ, ПО КАКОМУ СЛУЧАЮ КОЛЛЕЖСКОМУ СОВЕТНИКУ
ИВАНУ БОГДАНОВИЧУ ОТНОШЕНЬЮ НЕ УДАЛОСЯ В
СВЕТЛОЕ ВОСКРЕСЕНЬЕ ПОЗДРАВИТЬ СВОИХ
НАЧАЛЬНИКОВ С ПРАЗДНИКОМ

> Во светлой мрачности блистающих ночей
> Явился темный свет из солнечных лучей.
>
> *Кн. Шаховской.*

Коллежский советник Иван Богданович Отношенье, - в течение сорокалетнего служения своего в звании председателя какой-то временной комиссии, - провождал жизнь тихую и безмятежную. Каждое утро, за исключением праздников, он вставал в восемь часов; в девять отправлялся в комиссию, где хладнокровно, - не трогаясь ни сердцем, ни с места, не сердясь и не ломая головы понапрасну, - очищал нумера, подписывал отношения, помечал входящие. В сем занятии проходило утро. Подчиненные подражали во всем своему начальнику: спокойно, бесстрастно писали, переписывали бумаги, и составляли им реестры и алфавиты, не обращая внимания ни на дела, ни на просителей. Войдя в комиссию Ивана Богдановича, можно было подумать, что вы вошли в трапезу молчальников, - таково было ее безмолвие.

Какая-то тень жизни появлялась в ней к концу года, пред составлением годовых отчетов; тогда заметно было во всех чиновниках особенного рода движение, а на лице Ивана Богдановича даже беспокойство; но когда по составлении отчета Иван Богданович подводил итог, тогда его лицо прояснялось и он, - ударив по столу рукою и сильно вздохнув, как после тяжкой работы, - восклицал: „Ну, слава богу! в нынешнем году у нас бумаг вдвое более против прошлогоднего!" - и радость разливалась по целой комиссии, и назавтра снова с тем же спокойствием чиновники принимались за обыкновенную свою работу; подобная же аккуратность замечалась и во всех действиях Ивана Богдановича: никто ранее его не являлся поздравлять начальников с праздником, днем именин или рожденья; в Новый год ничье имя выше его не стояло на визитных реестрах; мудрено ли, что за все это он пользовался репутациею основательного, делового человека и аккуратного чиновника. Но Иван Богданович позволял себе и маленькие наслаждения: в будни едва било три часа, как Иван Богданович вскакивал с своего места, - хотя бы ему оставалось поставить одну точку к недоконченной бумаге, - брал шляпу, кланялся своим подчиненным и, проходя мимо их, говорил любимым чиновникам - двум начальникам отделений и одному столоначальнику: „¿Ну ... сегодня ... знаешь?" Любимые чиновники понимали значение этих таинственных слов и после обеда являлись в дом Ивана Богдановича на партию бостона; и аккуратным поведением начальника было произведено столь благодетельное влияние на его подчиненных, что для них поутру явиться в канцелярию, а вечером играть в бостон казалось необходимою принадлежностью службы. В праздники они не ходили в комиссию и не играли в бостон, потому что в праздничный день Иван Богданович имел обыкновение после обеда, - хорошенько расправив свой Аннинский крест, - выходить один или с дамами на Невский проспект; или заходить в кабинет восковых фигур или в зверинец, а иногда и в театр, когда давали веселую пьесу и плясали по-цыгански. В сем безмятежном счастии протекло, как сказал я, более сорока лет, и во все это время ни образ жизни, ни даже черты лица Ивана Богдановича нимало не изменились; только он стал против прежнего немного поплотнее.

Однажды случись в комиссии какое-то экстренное дело, и,

вообразите себе, в самую страстную субботу; с раннего утра собрались в канцелярию все чиновники, и Иван Богданович с ними; писали, писали, трудились, трудились и только к четырем часам успели окончить экстренное дело. Устал Иван Богданович после девятичасовой работы; почти обеспамятел от радости, что сбыл ее с рук и, проходя мимо своих любимых чиновников, не утерпел, проговорил: „¿Ну ... сегодня ... знаешь?" Чиновники нимало не удивились сему приглашению и почли его естественным следствием их утреннего занятия, так твердо был внушен им канцелярский порядок; они явились в урочное время, разложились карточные столы, поставились свечи, и комнаты огласились веселыми словами: шесть в сюрах, один на червях, мизер уверт и проч. т. п.

Но эти слова достигли до почтенной матушки Ивана Богдановича, очень набожной старушки, которая имела обыкновение по целым дням не говорить ни слова, не вставать с места и прилежно заниматься вывязыванием на длинных спицах фуфаек, колпаков и других произведений изящного искусства. На этот раз отворились запекшиеся уста ее, и она прерывающимся от непривычки голосом произнесла:

— Иван Богданович! А! Иван Богданович! ¿что ты ... это?.. ведь это ... это ... это ... не водится ... в такой день ... в карты ... Иван Богданович!.. а!.. Иван Богданович! что ты ... что ты ... в эдакой день ... скоро заутреня ... что ты ...

Я и забыл сказать, что Иван Богданович, тихий и смиренный в продолжение целого дня, делался львом за картами; зеленый стол производил на него какое-то очарование, как Сивиллин треножник; духовное начало деятельности, разлитое природою по всем своим произведениям; потребность раздражения; то таинственное чувство, которое заставляет иных совершать преступления, других изнурять свою душу мучительною любовью, третьих прибегать к опиуму, — в организме Ивана Богдановича образовалась под видом страсти к бостону; минуты за бостоном были *сильными минутами* в жизни Ивана Богдановича; в эти минуты сосредоточивалась вся его душевная деятельность, быстрее бился пульс, кровь скорее обращалась в жилах, глаза горели, и весь он был в каком-то самозабвении.

После этого не мудрено, если Иван Богданович почти не слыхал или не хотел слушать слов старушки: к тому же в эту минуту у него на руках были десять в сюрах, - неслыханное дело в четверном бостоне!

Закрыв десятую взятку, Иван Богданович отдохнул от сильного напряжения и проговорил:

- Не беспокойтесь, матушка, еще до заутрени далеко; мы люди деловые, нам нельзя разбирать времени, нам и бог простит - мы же тотчас и кончим.

Между тем на зеленом столе ремиз цепляется за ремизом; пулька растет горою; приходят игры небывалые, такие игры, о которых долго сохраняется память в изустных преданиях бостонной летописи; игра была во всем пылу, во всей красе, во всем интересе, когда раздался первый выстрел из пушки; игроки не слыхали его; они не видали и нового появления матушки Ивана Богдановича, которая, истощив все свое красноречие, молча покачала головою и наконец ушла из дома, чтобы приискать себе в церкви место попокойнее.

Вот другой выстрел - а они все играют: ремиз цепляется за ремизом, пулька растет и приходят игры небывалые.

Вот и третий, игроки вздрогнули, хотят приподняться - но не тут-то было: они приросли к стульям; их руки сами собою берут карты, тасуют, раздают; их язык сам собою произносит заветные слова бостона; двери комнаты сами собою прихлопнулись.

Вот на улице звон колокольный, все в движении, говорят прохожие, стучат экипажи, а игроки все играют и ремиз цепляется за ремизом.

„Пора б кончить!" - хотел было сказать один из гостей, но язык его не послушался, как-то странно перевернулся и, сбитый с толку, произнес:

- Ах! что может сравниться с удовольствием играть в бостон в страстную субботу.

„Конечно! - хотел отвечать ему другой, - ¿да что подумают о нас домашние?" - но и его язык также не послушался, а произнес:

- Пусть домашние говорят что хотят, нам здесь гораздо веселее.

С удивлением слушают они друг друга, хотят противоречить, но голова их сама нагибается в знак согласия.

Вот отошла заутреня, отошла и обедня; добрые люди, а с ними

матушка Ивана Богдановича, - в веселых мечтах сладко разговеться залегли в постель; другие примеривают мундир, справляются с адрес-календарем, выправляют визитные реестры. Вот уже рассвело, на улицах чокаются, из карет выглядывает золотое шитье, треугольные шляпы торчат на фризовых и камлотных шинелях, курьеры навеселе шатаются от дверей к дверям, суют карточки в руки швейцаров и половину сеют на улице, мальчики играют в биток и катают яйца.

Но в комнате игроков все еще ночь; все еще горят свечи; игроков мучит и совесть, и голод, и сон, и усталость, и жажда; судорожно изгибаются они на стульях, стараясь от них оторваться, но тщетно; усталые руки тасуют карты, язык выговаривает шесть и восемь, ремиз цепляется за ремизом, пулька растет, приходят игры небывалые.

Наконец догадался один из игроков и, собрав силы, задул свечки; в одно мгновение они загорелись черным пламенем; во все стороны разлились темные лучи, и белая тень от игроков протянулась по полу; карты выскочили у них из рук: дамы столкнули игроков со стульев, сели на их место, схватили их, перетасовали, - и составилась целая масть Иванов Богдановичей, целая масть начальников отделения, целая масть столоначальников, и началась игра, игра адская, которая никогда не приходила в голову сочинителя „Открытых таинств картежной игры".

Между тем короли уселись на креслах, тузы на диванах, валеты снимали со свечей, десятки, словно толстые откупщики, гордо расхаживали по комнате, двойки и тройки почтительно прижимались к стенкам.

Не знаю, долго ли дамы хлопали об стол несчастных Иванов Богдановичей, загибали на них углы, гнули их в пароль, в досаде кусали зубами и бросали на пол ...

Когда матушка Ивана Богдановича, тщетно ожидавшая его к обеду, узнала, что он никуда не выезжал, и вошла к нему в комнату, он и его товарищи, усталые, измученные, спали мертвым сном: кто на столе, кто под столом, кто на стуле ...

И по канцеляриям долго дивились: отчего Ивану Богдановичу не удалось в светлое воскресенье поздравить своих начальников с праздником?

V

ИГОША

Я сидел с нянюшкой в детской; на полу разостлан был ковер, на ковре игрушки, а между игрушками я; вдруг дверь отворилась, а никто не взошел. Я посмотрел, подождал, - все нет никого. „Нянюшка! нянюшка! ¿кто дверь отворил?"
— Безрукий, безногий дверь отворил, дитятко! - Вот безрукий, безногий и запал мне на мысль.
„¿Что за безрукий безногий такой, нянюшка?"
— Ну да так, - известно что -, отвечала нянюшка, - безрукий, безногий. — Мало мне было нянюшкиных слов и я бывало как дверь ли, окно ли отворится - тотчас забегу посмотреть: не тут ли безрукий - и, как он ни увертлив, верно бы мне попался, если бы в то время батюшка не возвратился из города и не привез с собою новых игрушек, которые заставили меня на время позабыть о безруком.
Радость! веселье! прыгаю! любуюсь игрушками! а нянюшка ставит да ставит рядком их на стол, покрытом салфеткою, приговаривая: „Не ломай, не разбей, по маленьку играй, дитятко." Между тем зазвонили к обеду.
Я прибежал в столовую, когда батюшка рассказывал от чего он так долго не возвращался. „Все постромки лопались," говорил он „а не постромки так кучер то и дело что кнут свой теряет; а не то

пристяжная ногу зашибет, беда да и только! хоть стань на дороге; уж в самом деле я подумал, ¿не от Игоши ли?" - ¿От какого Игоши? - спросила его маменька. „Да вот послушай, - на завражке я остановился лошадей покормить; прозяб я и вошел в избу погреться; в избе за столом сидят трое извощиков, а на столе лежат четыре ложки; вот они хлеб ли режут, лишний ломоть к ложке положат; пирога ли попросят, лишний кусок отрушат ...

„¿Кому это вы, верно товарищу оставляете, добрые молодцы?" спросил я.

- Товарищу не товарищу -, отвечали они, - а такому молодцу, которой обид не любит. -

„¿Да кто же он такое?" спросил я.

- Да Игоша, барин -

Что за Игоша, вот я их и ну допрашивать.

- А вот послушайте барин -, отвечал мне один из них, - летось у земляка-то родился сынок, такой хворенький Бог с ним, без ручек, без ножек, в чем душа; не успели за попом сходить, как он и дух испустил; до обеда не дожил. Вот делать нечего, поплакали, погоревали, да и предали младенца земле. - Только с той поры все у нас стало не по прежнему ... впрочем Игоша, барин, малый добрый: наших лошадей бережет, гривы им заплетает, к попу под благословенье подходит; - но если же ему лишней ложки за столом не положишь, или поп лишнего благословенья при отпуске в церкви не даст, то Игоша и пойдет кутить: то у попадьи квашню опрокинет, или из горшка горох повыбросает; а у нас или у лошадей подкову сломает, или у колокольчика язык вырвет, - мало ли что бывает.

„И! да я вижу Игоша-то проказник у вас, сказал я - отдайте-ка его мне и если он хорошо мне послужит, то у меня ему славное житье будет, я ему пожалуй и харчевые назначу."

„Между тем лошади отдохнули, я отогрелся, сел в бричку, покатился: не отъехали версты - шлея соскочила, потом постромки оборвались, а наконец оглобля пополам, - целых два часа по напрасну потеряли. В самом деле подумаешь, что Игоша ко мне привязался."

Так говорил батюшка; я не пропустил ни одного слова. В раздумьи пошел я в свою комнату, сел на полу, но игрушки меня не занимали, - у меня в голове все вертелся Игоша да Игоша. Вот я смотрю -, няня на ту минуту вышла, - вдруг дверь отворилась; я по своему обыкновению хотел было вскочить, но невольно присел, когда увидел, что ко мне в комнату вошел припрыгивая маленький человечек в крестьянской рубашке, подстриженный в кружок; глаза у него горели как угольки и голова на шейке у него беспрестанно вертелась; с самого первого взгляда, я заметил в нем что-то странное, посмотрел на него пристальнее и увидел, что у бедняжки не было ни рук ни ног а прыгал он всем туловищем. Смотрю, маленький человечек прямо к столу, где у меня стояли рядком игрушки, вцепился зубами в салфетку и потянул ее как собачонка; посыпались мои игрушки: и фарфоровая моська в дребезги, барабан у барабанщика выскочил, у колясочки слетели колеса, - я взвыл и закричал благим матом: „что ты за негодный мальчишка! - зачем ты сронил мои игрушки эдакой злыдень! да что еще мне от нянюшки достанется! говори - ¿зачем ты сронил игрушки?"

- А вот зачем -, отвечал он тоненьким голоском, - за тем -, прибавил он густым басом, - что твой батюшка всему дому валежки сшил, а мне маленькому -, заговорил он снова тоненьким голоском -, ни одного не сшил, а теперь мне маленькому холодно, на дворе мороз, гололедица, пальцы костенеют.

„Ах жалкенький!" сказал я сначала, но потом одумавшись „да какие пальцы, негодный, да у тебя и рук-то нет; ¿на что тебе валежки?"

- А вот на что -, сказал он басом, - что ты вот видишь, твои игрушки в дребезгах, так ты и скажи батюшке: „Батюшка, батюшка, Игоша игрушки ломает, валежек просит, купи ему валежки."

Игоша не успел окончить, как нянюшка вошла ко мне в комнату; Игоша не прост молодец, разом лыжи навострил; - а нянюшка на меня: „Ах ты проказник, сударь! ¿зачем изволил игрушки сронить? Вот ужо тебя маменька..."

- Нянюшка! не я уронил игрушки, право не я, это Игоша -
„Какой Игоша, сударь - еще изволишь выдумывать!"

- Безрукий, безногий - нянюшка.

На крик прибежал батюшка, я ему рассказал все как было, он

расхохотался: „Изволь, дам тебе валежки, отдай их Игоше".

Так я и сделал. Едва я остался один, как Игоша явился ко мне, только уже не в рубашке, а в полушубке. „Добрый ты мальчик," сказал он мне тоненьким голоском „- спасибо за валежки; посмотри-ка я из них себе какой полушубок сшил, вишь, какой славный!" - и Игоша стал повертываться со стороны на сторону и опять к столу, на котором нянюшка поставила свой заветный чайник, очки, чашку без ручки, и два кусочка сахару, - и опять за салфетку и опять ну тянуть.

„Игоша! Игоша!" закричал я „погоди, не роняй - хорошо мне один раз прошло, а в другой не поверят; скажи лучше, ¿что тебе надобно?"

- А вот что -, сказал он густым басом, - я твоему батюшке верой и правдой служу, не хуже других слуг ничего не делаю, а им всем батюшка к празднику сапоги пошил, а мне маленькому -, прибавил он тоненьким голоском, - и сапожишков нет, на дворе днем мокро, ночью морозно, ноги ознобишь ... - и с сими словами Игоша потянул за салфетку и полетели на пол и заветный нянюшкин чайник, и очки выскочили из очешника, и чашка без ручки разшиблась, и кусочик сахарца укатился ...

Вошла нянюшка, опять меня журит; я на Игошу, она на меня. „Батюшка, безногий сапогов просит" закричал я, когда вошел батюшка. - Нет шалун, сказал батюшка - раз тебе прошло, в другой раз не пройдет; эдак ты у меня всю посуду перебьешь; полно про Игошу-то толковать, становись-ка в угол. -

„Не бось, не бось" шептал мне кто-то на ухо „я уже тебя не выдам."

В слезах я побрел к углу. Смотрю: там стоит Игоша; только батюшка отвернется, а он меня головой толк да толк в спину, и я очутюсь на ковре с игрушками посредине комнаты; батюшка увидит, я опять в угол; отворотится, а Игоша снова меня толкнет.

Батюшка рассердился. „¿Так ты еще не слушаешься? сказал он - „сейчас в угол и ни с места."

- Батюшка, это не я - это Игоша толкается.

„Что ты вздор мелешь, негодяй; стой тихо, а не то на целый день привяжу тебя к стулу."

Рад бы я был стоять, но Игоша не давал мне покоя; то ущипнет меня, то оттолкнет, то сделает мне смешную рожу - я захохочу; Игоша для батюшки был невидим - и батюшка пуще рассердился.

„Постой" сказал он - „увидим как тебя Игоша будет отталкивать" - и с сими словами привязал мне руки к стулу.

А Игоша не дремлет: он ко мне и ну зубами тянуть за узлы; только батюшка отворотится, он петлю и вытянет; не прошло двух минут - и я снова очутился на ковре между игрушек, по средине комнаты.

Плохо бы мне было, если бы тогда не наступил уже вечер; за непослушание меня уложили в постель ранее обыкновенного, накрыли одеялом и велели спать, обещая что завтра сверх того меня запрут одного в пустую комнату.

Ночью, едва нянюшка загнула в свинец свои пукли, надела коленкоровый чепчик, белую канифасную кофту, пригладила виски свечным огарком, покурила ладаном и захрапела, - я прыг с постели, схватил нянюшкины ботинки и махнул их за окошко, проговоря в полголоса: „вот тебе Игоша."

- Спасибо! - отвечал мне со двора тоненький голосок.

Разумеется, что ботинок на завтра не нашли -, и нянюшка не могла надивиться, куда они девались.

Между тем, батюшка не забыл обещания и посадил меня в пустую комнату, такую пустую, что в ней не было ни стола, ни стула, ни даже скамейки.

„Посмотрим" сказал батюшка „что здесь разобьет Игоша!" и с этими словами запер двери.

Но едва он прошел несколько шагов, как рама выскочила и Игоша с ботинкой на голове запрыгал у меня по комнате: „спасибо! спасибо" закричал он пискливо „вот какую я себе славную шапку сшил!"

- Ах! Игоша! не стыдно тебе! я тебе и полушубок достал и ботинки тебе выбросил из окошка, - а ты меня только в беды вводишь! -

„Ах ты неблагодарный," закричал Игоша густым басом „я ли тебе не служу" прибавил он тоненьким голоском „я тебе и игрушки ломаю, и нянюшкины чайники бью, и в угол не пускаю и веревки развязываю; а когда уже ничего не осталось, так рамы бью; да к тому ж служу тебе и батюшке из чести, обещанных харчевых не получаю, а ты еще на меня жалуешься. Правда, у нас говорится, что люди самое неблагодарное творение! Прощай же, брат, если так, не поминай меня лихом. К твоему батюшке приехал из города немец, доктор, попробую ему послужить; я уж и так ему склянки перебил, а вот к вечеру после ужина и парик под билиярд закину, - посмотрим не будет ли он тебя благодарнее ..."

С сими словами исчез мой Игоша и мне жаль его стало.

VI

ПРОСТО СКАЗКА

> Галлер прежде меня заметил, что в ту минуту когда мы засыпаем, но еще не совершенно заснули, все, что для нас было легким очерком, получает образ полный и определенный.
>
> *Жан-Поль-Рихтер.*

Лысый Валтер опустил перо в чернильницу и заснул. В ту же минуту тысячи голосов заговорили в его комнате. Валтер хочет вынуть перо, но тщетно, — перо прицепилось к краям чернильницы; в досаде он схватывает его обеими руками, — все тщетно, перо упорствует, извивается между пальцами словно змея, ростет и получает какую-то сердитую физиогномию. Вот из узкого отверстия слышится жалостный стон, похожий то на кваканье лягушки, то на плач младенца. — „¿Зачем ты вытягиваешь из меня душу?" говорил один голос, „она так же как твоя бессмертна, свободна и способна страдать."
— „Мне душно" говорил другой голос „— ты сжимаешь мои ребра, ты точишь плоть мою, — я живу и страдаю."

Между тем дверь отворилась и волтеровские кресла, изгибая спинку и медленно передвигая ножками, вступали в комнату и на волтеровских креслах сидел надувшись колпак; он морщился, кисть становилась ежем на его теме и он произнес следующие слова: "Ру, ру, ру! храп, храп, храп! усха, усха, усха! молчите слабоумные! отвечайте мне: ¿слыхали ли вы о вязальных спицах? ¿ваш мелкий ум постигал ли когда-нибудь чулочную петлю? В ней начало вещей и пучина премудрости; глубокомысленные нити зародили петлю; петлю создали спицы; спицы с петлею создали колпак, венец природы и искусства, альфа и омега вселенной, лебединая песнь чулочного мастера. Здесь таинство! все для колпака, все колпак и ничего нет вне колпака!"

Перо взъерошилось, чернилица зашаталась и хотела уже брызнуть на колпак своею черною кровью. Горе было бы колпаку, если б в самое то время не раздалось по комнате: "шуст, шуст клап, шуст шуст клап" и красная с пуговкой туфля, кокетствуя и вертясь на каблуке, не прихлопнула крышечку чернильницы. - Чернильница принуждена была выпустить перо, а перо без его души, как мертвое, упало на стол и засохло с досады.

"Ру, ру, ру, моя красавица, скажи: ¿какой чулочный мастер мог создать такое чудо природы, такую красоту неописанную?"

- Шуст, шуст клап -, отвечала туфля, - меня создал не чулочный мастер, а тот, кто превыше чулочного мира, кто топчет чулки, от кого прячутся башмаки, и самые высокие ботфорты трепещут; меня создал сапожник! -

"Как!" возразил колпак "¿кто-нибудь кроме чулочного мастера мог так искусно выгнуть твою шкурку, так ловко спустить твою пятку? - храп, храп, храп! позвольте мне вам сделать вопрос, может быть не скромный: ¿на скольких петлях вас вязали?"

"Несчастный! какой туман затмевает твой рассудок! ¿не уже ли ты подобно перьям, чернилицам, стульям и всем бессмысленным тварям, никогда незнавшим шила и колодки, неужели, - подобно им, ты не признаешь великого сапожника? ¿не уже ли спицы не дали тебе понятия о чем то высшем, о том, без чего не могли бы существовать ни башмаки, ни колоши, ни самые ботфорты; чего нельзя утаить и в самом мелко связанном мешке, шуст, шуст клап! и что называют - шилом?"

Колпак смутился и побледнел; петли находились в судорожном

движении и шептали между собою: ¿Што там туфля шушукает про сапошного мастера? ¿што за штука? ¿не уш ли он больше чулошного? — Между тем туфля сверкая блестящею пуговкою, вспрыгнула на креслы, нагнула носик колпачной шишечки и нежно затрогивая его каблучком, говорила ему с ласкою: „Храпушка, храпушка! шуст шуст клап, шуст шуст клап! обратися к нам, у нас хорошо, у нас небо сафьянное, у нас солнце пуговка, у нас месяц шишечкой, у нас звезды гвоздики, у нас жизнь сыромятная, в ваксе по горло, щетки не считаны ..." —

Не совсем понимал ее колпак, однако догадывался, что в словах туфли есть что-то высокое и таинственное. Еще долго говорили они, долго нежный лепет туфли сливался с рукуканьем колпака; миловидность ее докончило то, чего не могло бы сделать одно красноречие и колпак, прикрывая туфлю своею кисточкою, поплелся за нею, нежно припевая „храп, храп, храп, ру, ру, ру."

„¿Куда ведут тебя, бедный колпак?" закричала ему мыльница. „¿Зачем веришь своей предательнице? не душистое мыло ты найдешь у нее, там ходят грубые щетки; и не розовая вода, а каплет черная вакса! Воротись пока еще время, а после — не отмыть мне тебя."

Но колпак ничего не слыхал, он лишь вслушивался в шушуканье туфли и следовал за ней, как младенец за нянькою.

Пришли. Смотрят. Мудрено. На огромной колодке торчало шило; концы купались в вару; рядами стояли башмаки, сапоги всех званий и возрастов, смазные, с отворотами; колоши волочились за ботинками и почтительно кланялись ботфортам, занимавшим первые места, и между тем огромные щетки потчивали гостей ваксою!

Величественна было эта картина! она поразила колпак; все, что ни воображал когда-либо нитяный мозг его не могло сравниться с сим зрелищем, и он невольно наклонил свою кисточку. Одни петли заметили, что все ботфорты и большая часть сапогов были пьяны; тщетно докладывали они о том колпаку, колпак в пылу своих восторгов не верил ни чему и называл предусмотрительное шушуканье петель пустыми прицепками.

Между тем туфля не дремала, она быстро подвела колпак к колодке; колпак встревоженный, вне себя от восторга, думал, что наконец близка минута его соединения с прекрасною туфлею, ... как вдруг колодка зашевелилась, ботфорты попадали, колоши застучали, каблуки затопали, туфля захлопала; бешеное шило вертелось и кричало между толпою и чугунный молоток с глупу хлопнул от радости по толстому брюху бутыли; реки ваксы полились на бедный колпак ... ¿и где ты прежняя белизна колпака? ¿где его чистота и невинность? ¿где то сладкое время, когда бывало колпак выходил из корыта, как Киприда из морской пены и солнце отражаясь на огромной лысине Валтера, улыбалось ему? вспомнил он слова мыльницы! несчетный ряд воспоминаний пробудился в душе колпака; угрызение совести толстыми спицами кололо его внутренность; он почувствовал весь ужас своего положения, всю легкомысленность своего поступка; он узрел пагубные следствия своей опрометчивой доверенности к ветреной туфле, опрометью бросился он к корыту: „Щелок спасет меня!" думал он „мыло! корыто! заклинаю вас! поспешите ко мне на помощь, омойте меня от бесчестия, пока не проснулся наш Валтер ..."

Но колпак остался не вымытым, потому что в эту минуту Валтер проснулся ...

VII

СКАЗКА
О ТОМ, КАК ОПАСНО ДЕВУШКАМ ХОДИТЬ ТОЛПОЮ
ПО НЕВСКОМУ ПРОСПЕКТУ[1]

„Как, сударыня! вы уже хотите
оставить нас? С позволения вашего
попровожу вас." - „Нет, не хочу,
чтоб такой учтивый господин по-
трудился для меня." - „Изволите
шутить, сударыня."
Manuel pour la conversation par
madame de Genlis. p. 375.
Русское отделение.

Однажды в Петербурге было солнце; по Невскому проспекту шла
целая толпа девушек; их было одиннадцать, ни больше ни меньше, и
одна другой лучше; да три маменьки, про которых, к несчастью,
нельзя было сказать того же. Хорошенькие головки вертелись, ножки
топали о гладкий гранит, но им всем было очень скучно: они уж друг
друга пересмотрели, давно друг с другом обо всем переговорили,
давно друг друга пересмеяли и смертельно друг другу надоели; но
все-таки держались рука за руку и, не отставая друг от дружки, шли
монастырь монастырем; таков уже у нас обычай: девушка умрет со

скуки, а не даст своей руки мужчине, если он не имеет счастья быть ей братом, дядюшкой или еще более завидного счастья - восьмидесяти лет от рода; ибо „¿что скажут маменьки?" Уж эти мне маменьки! когда-нибудь доберусь я до них! я выведу на свежую воду их старинные проказы! я разберу их устав благочиния, я докажу им, что он не природой написан, не умом скреплен! Мешаются не в свое дело, а наши девушки скучают-скучают, вянут-вянут, пока не сделаются сами похожи на маменек, а маменькам-то и по сердцу! Погодите! я вас!

Как бы то ни было, а наша толпа летела по проспекту и часто набегала на прохожих, которые останавливались, чтобы посмотреть на красавиц; но подходить к ним никто не подходил - ¿да и как подойти? Спереди маменька, сзади маменька, в середине маменька - страшно!

Вот на Невском проспекте новоприезжий искусник выставил блестящую вывеску! сквозь окошки светятся парообразные дымки, сыплются радужные цветы, золотистый атлас льется водопадом по бархату, и хорошенькие куколки, в пух разряженные, под хрустальными колпаками кивают головками. Вдруг наша первая пара остановилась, поворотилась и прыг на чугунные ступеньки; за ней другая, потом третья, и, наконец, вся лавка наполнилась красавицами. Долго они разбирали, любовались - да и было чем: хозяин такой быстрый, с синими очками, в модном фраке, с большими бакенбардами, затянут, перетянут, чуть не ломается; он и говорит и продает, хвалит и бранит, и деньги берет и отмеривает; беспрестанно он расстилает и расставляет перед моими красавицами: то газ из паутины с насыпью бабочкиных крылышек; то часы, которые укладывались на булавочной головке; то лорнет из мушиных глаз, в который в одно мгновение можно было видеть все, что кругом делается; то блонду, которая таяла от прикосновения; то башмаки, сделанные из стрекозиной лапки; то перья, сплетенные из пчелиной шерстки; то, увы! румяна, которые от духу налетали на щечку. Наши красавицы целый бы век остались в этой лавке, если бы не маменьки! Маменьки догадались, махнули чепчиками, поворотили налево кругом и, вышедши на ступеньки, благоразумно принялись считать, чтобы увериться, все ли красавицы выйдут из лавки; но, по несчастью (говорят, ворона умеет считать только до четырех), наши маменьки умели считать только до десяти: не мудрено же, что они обочлись и отправились домой с десятью девушками, наблюдая прежний порядок и благочиние, а одиннадцатую позабыли в магазине.

Едва толпа удалилась как заморский басурманин тотчас дверь на запор и к красавице; все с нее долой: и шляпку, и башмаки, и чулочки, оставил только, окаянный, юбку да кофточку; схватил несчастную за косу, поставил на полку и покрыл хрустальным колпаком.

Сам же за перочинный ножичек, шляпку в руки и с чрезвычайным проворством ну с нее срезывать пыль, налетевшую с мостовой; резал, резал, и у него в руках очутились две шляпки, из которых одна чуть было не взлетела на воздух, когда он надел ее на столбик; потом он так же осторожно срезал тисненые цветы на материи, из которой была сделана шляпка, и у него сделалась еще шляпка; потом еще раз - и вышла четвертая шляпка, на которой был только оттиск от цветов; потом еще - и вышла пятая шляпка простенькая; потом еще, еще - и всего набралось у него двенадцать шляпок; то же, окаянный, сделал и с платьицем, и с шалью, и с башмачками, и с чулочками, и вышло у него каждой вещи по дюжине, которые он бережно уклал в картон с иностранными клеймами ... и все это, уверяю вас, он сделал в несколько минут.

- Не плачь, красавица, - приговаривал он изломанным русским языком, - не плачь! тебе же годится на приданое!

Когда он окончил свою работу, тогда прибавил:

- Теперь и твоя очередь, красавица!

С сими словами он махнул рукою, топнул; на всех часах пробило тринадцать часов, все колокольчики зазвенели, все органы заиграли, все куклы запрыгали, и из банки с пудрой выскочила безмозглая французская голова; из банки с табаком чуткий немецкий нос с ослиными ушами; а из бутылки с содовою водою туго набитый английский живот. Все эти почтенные господа уселись в кружок и выпучили глаза на волшебника.

- Горе! - вскричал чародей.

- Да, горе! - отвечала безмозглая французская голова, - пудра вышла из моды!

— Не в том дело, — проворчал английский живот, — меня, словно пустой мешок, за порог выкидывают.

— Еще хуже, — просопел немецкий нос, — на меня верхом садятся, да еще пришпоривают.

— Все не то! — возразил чародей, — все не то! еще хуже: русские девушки не хотят больше быть заморскими куклами! вот настоящее горе! продолжись оно — и русские подумают, что они в самом деле такие же люди.

— Горе! горе! — закричали в один голос все басурмане.

— Надобно для них выдумать новую шляпку, — говорила голова.

— Внушить им правила нашей нравственности, — толковал живот.

— Выдать их замуж за нашего брата, — твердил чуткий нос.

— Все это хорошо! — отвечал чародей, — да мало! Теперь уже не то, что было! На новое горе новое лекарство; надобно подняться на хитрости!

Думал, долго думал чародей, наконец махнул еще рукою, и пред собранием явился треножник, мариина баня и реторта, и злодеи принялись за работу.

В реторту втиснули они множество романов мадам Жанлис, Честерфильдовы письма, несколько заплесневелых сенсаций, канву, итальянские рулады, дюжину новых контрадансов, несколько выкладок из английской нравственной арифметики и выгнали из всего этого какую-то бесцветную и бездушную жидкость. Потом чародей отворил окошко, повел рукою по воздуху Невского проспекта и захватил полную горсть городских сплетней, слухов и рассказов; наконец из ящика вытащил огромный пук бумаг и с дикою радостью показал его своим товарищам; то были обрезки от дипломатических писем и отрывки из письмовника, в коих содержались уверения в глубочайшем почтении и истинной преданности; все это злодеи, прыгая и хохоча, ну мешать с своим бесовским составом: французская голова раздувала огонь, немецкий нос размешивал, а английский живот словно пест, утаптывал.

Когда жидкость простыла, чародей к красавице: вынул, бедную, трепещущую, из-под стеклянного колпака и принялся из нее, злодей, вырезывать сердце! О! как страдал   как билась бедная красавица!

как крепко держалась она за свое невинное, свое горячее сердце! с каким славянским мужеством противилась она басурманам. Уже они были в отчаянии, готовы отказаться от своего предприятия, но на беду чародей догадался, схватил какой-то маменькин чепчик, бросил на уголья - чепчик закурился, и от этого курева красавица одурела. Злодеи воспользовались этим мгновением, вынули из нее сердце и опустили его в свой бесовский состав. Долго, долго они распаривали бедное сердце русской красавицы, вытягивали, выдували, и когда они вклеили его в свое место, то красавица позволила им делать с собою все, что было им угодно. Окаянный басурманин схватил ее пухленькие щечки, маленькие ножки, ручки и ну перочинным ножом соскребать с них свежий славянский румянец и тщательно собирать его в баночку с надписью rouge végétal; и красавица сделалась беленькая-беленькая, как кобчик; насмешливый злодей не удовольствовался этим: маленькой губкой он стер с нее белизну и выжал в скляночку с надписью: lait de concombre, и красавица сделалась желтая, коричневая; потом к наливной шейке он приставил пневматическую машину, повернул - и шейка опустилась и повисла на косточках; потом маленькими щипчиками разинул ей ротик, схватил язычок и повернул его так, чтобы он не мог порядочно выговорить ни одного русского слова; наконец затянул ее в узкий корсет, накинул на нее какую-то уродливую дымку и выставил красавицу на мороз к окошку. Засим басурмане успокоились; безмозглая французская голова с хохотом прыгнула в банку с пудрою; немецкий нос зачихал от удовольствия и убрался в бочку с табаком; английский живот молчал, но только хлопал по полу от радости и также уплелся в бутылку с содовою водою; и все в магазине пришло в прежний порядок, и только стало в нем одною куклою больше!

Между тем время бежит да бежит; в лавку приходят покупщики, покупают паутинный газ и мушиные глазки, любуются на куколок. Вот один молодой человек посмотрел на нашу красавицу, задумался, и как ни смеялись над ним товарищи, купил ее и принес к себе в дом. Он был человек одинокий, нрава тихого, не любил ни шума, ни крика; он поставил куклу на видном месте, одел, обул ее, целовал ее ножки и любовался ею, как ребенок. Но кукла скоро почуяла русский дух:

ей понравилось его гостеприимство и добродушие. Однажды, когда молодой человек задумался, ей показалось, что он забыл о ней, она зашевелилась, залепетала; удивленный, он подошел к ней, снял хрустальный колпак, посмотрел: его красавица кукла куклою. Он приписал это действию воображения и снова задумался, замечтался; кукла рассердилась: ну опять шевелиться, прыгать, кричать, стучать об колпак, ну так и рвется из-под него.

— ¿Неужели ты в самом деле живешь? — говорил ей молодой человек, — если ты в самом деле живая, я тебя буду любить больше души моей; ну, докажи, что ты живешь, вымолви хотя словечко!

— Пожалуй! — сказала кукла, — я живу, право живу.

— Как! ¿ты можешь и говорить? — воскликнул молодой человек, — о, какое счастье! ¿Не обман ли это? Дай мне еще раз увериться, говори мне о чем-нибудь!

— ¿Да об чем мы будем говорить?

— ¿Как о чем? на свете есть добро, есть искусство!..

— Какая мне нужда до них! — отвечала кукла, — это все очень скучно!

— ¿Что это значит? ¿Как скучно? ¿Разве до тебя еще никогда не доходило, что есть на свете мысли, чувства?..

— А, чувства! ¿чувства? знаю, — скоро проговорила кукла, — чувства почтения и преданности, с которыми честь имею быть, милостивый государь, вам покорная ко услугам ...

— Ты ошибаешься, моя красавица; ты смешиваешь условные фразы, которые каждый день переменяются, с тем, что составляет вечное незыблемое украшение человека.

— ¿Знаешь ли, что говорят? — прервала его красавица, — одна девушка вышла замуж, но за ней волочится другой, и она хочет развестись. Как это стыдно!

— ¿Что тебе нужды до этого, моя милая? подумай лучше о том, как многого ты на свете не знаешь; ты даже не знаешь того чувства, которое должно составлять жизнь женщины; это святое чувство, которое называют любовью; которое проникает все существо человека; им живет душа его, оно порождает рай и ад на земле.

— Когда на бале много танцуют, то бывает весело, когда мало, так скучно, - отвечала кукла.

— Ах, лучше бы ты не говорила! - вскричал молодой человек, - ты не понимаешь меня, моя красавица!

И тщетно он хотел ее образумить: приносил ли он ей книги - книги оставались неразрезанными; говорил ли ей о музыке души - она отвечала ему итальянскою руладою; показывал ли картину славного мастера - красавица показывала ему канву.

И молодой человек решился каждое утро и вечер подходить к хрустальному колпаку и говорить кукле: „Есть на свете добро, есть любовь; читай, учись мечтай, исчезай в музыке; не в светских фразах, но в душе чувства и мысли."

Кукла молчала.

Однажды кукла задумалась, и думала долго. Молодой человек был в восхищении, как вдруг она сказала ему:

— Ну, теперь, знаю, знаю; есть на свете добродетель, есть искусство, есть любовь, не в светских фразах, но в душе чувства и мысли. Примите, милостивый государь, уверения в чувствах моей истинной добродетели и пламенной любви, с которыми честь имею быть ...

— О! перестань, бога ради, - вскричал молодой человек, - если ты не знаешь ни добродетели, ни любви, - то по крайней мере не унижай их, соединяя с поддельными, глупыми фразами ...

— Как не знаю! - вскричала с гневом кукла, - на тебя никак не угодишь, неблагодарный! Нет, - я знаю, очень знаю: *есть на свете добродетель, есть искусство, есть любовь*, как равно и почтение, с коими честь имею быть ...

Молодой человек был в отчаянии. Между тем кукла была очень рада своему новому приобретению: не проходило часа, чтоб она не кричала: *есть добродетель, есть любовь, есть искусство*, - и не примешивала к своим словам уверений в глубочайшем почтении; идет ли снег - кукла твердит: *есть добродетель!* - принесут ли обедать - она кричит: *есть любовь!* - и вскоре дошло до того, что это слово опротивело молодому человеку. Что он ни делал: говорил ли с восторгом и умилением, доказывал ли хладнокровно, бесился ли, насмехался ли над красавицею - все она никак не могла постигнуть, какое различие между затверженными ею словами и обыкновенными светскими фразами; никак не могла постигнуть, что любовь и добродетель годятся на что-нибудь другое, кроме письменного окончания.

И часто восклицал молодой человек: „Ах, лучше бы ты не говорила!"

Наконец он сказал ей:

— Я вижу, что мне не вразумить тебя, что ты не можешь к заветным святым словам добра, любви и искусства присоединить другого смысла, кроме почтения и преданности ... Как быть! Горько мне, но я не виню тебя в этом. Слушай же, всякий на сем свете должен что-нибудь делать; не можешь ты ни мыслить, ни чувствовать; не перелить мне своей души в тебя; так занимайся хозяйством по старинному русскому обычаю, — смотри за столом, своди счеты, будь мне во всем покорна; когда меня избавишь от механических занятий жизни, я — правда, не столько тебя буду любить, сколько любил бы тогда, когда бы души наши сливались, — но все любить тебя буду.

— ¿Что я за ключница? — закричала кукла, рассердилась и заплакала, — ¿разве ты затем купил меня? Купил — так лелей, одевай, утешай. Что мне за дело до твоей души и до твоего хозяйства! Видишь я верна тебе, я не бегу от тебя, — так будь же за то благодарен, мои ручки и ножки слабы; я хочу и люблю ничего не делать, не думать, не чувствовать, не хозяйничать, — а твое дело забавлять меня.

И в самом деле, так было. Когда молодой человек занимался своею куклою, когда одевал, раздевал ее, когда целовал ее ножки — кукла была и смирна и добра, хоть и ничего не говорила; но если он забудет переменить ее шляпку, если задумается, если отведет от нее глаза, кукла так начнет стучать о свой хрустальный колпак, что хоть вон беги. Наконец не стало ему терпения: возьмет ли он книгу, сядет ли обедать, ляжет ли на диван отдохнуть, — кукла стучит и кричит, как живая, и не дает ему покоя ни днем, ни ночью; и стала его жизнь — не жизнь, но ад. Вот молодой человек рассердился; несчастный не знал страдания, которые вынесла бедная красавица; не знал, как крепко она держалась за врожденное ей природою сердце, с какою болью отдала его своим мучителям, или учителям, - и однажды спросонья он выкинул куклу за окошко; за то все проходящие его осуждали, однако же куклу никто не поднял.

¿А кто всему виною? сперва басурмане, которые портят наших красавиц, а потом маменьки, которые не умеют считать дальше десяти. Вот вам и нравоучение.

1 Мыслящие люди не обвинят автора в *квасном* патриотизме за эту шутку. Кто понимает цену западного просвещения, тому понятны и его злоупотребления. (*Прим. В.Ф. Одоевского*)

VIII

ТА-ЖЕ СКАЗКА ТОЛЬКО НА ИЗВОРОТ

> Мне все кажется, что я пред ящиком с куклами; гляжу как движутся передо мною человечки и лошадки; часто спрашиваю себя, не обман ли это оптический; играю с ними, или, лучше сказать, мною играют, как куклою; иногда забывшись схвачу соседа за деревянную руку и тут опомнюсь с ужасом.
>
> *Гете - Вертер - Перевод Рожалина.*

Хорошо вам, моя любезная, пишущая, отчасти читающая и отчасти думающая братия! хорошо вам на высоких чердаках ваших, в тесных кабинетах между покорными книгами и молчаливой бумагой! Из слухового окошка, а иногда -, извините, - и из передней вы смотрите в гостиную; из нее доходят до вас невнятный говор, шарканье, фраки, лорнеты, поклоны, люстры - и только; ¿за что ж вы так сердитесь на гостиные? смешно слушать! - вы ·, опять извините за сравнение, право не я виноват в нем, - вы вместе с лакеем сердитесь зачем барин ездит четвернею в покойной карете, зачем он просиживает на бале до четырех часов утра, зачем из бронзы вылитая Стразбуржская колокольня считает перед ним время, зачем Рафаель и Корреджио висят перед ним в золотых рамах, зачем он говорит другому вежливости, которым никто не верит; – ¿разве в том дело? ¿Господи, Боже мой! Когда выйдут из обыкновения пошлые нежности и приторные мудрования о простом, искреннем, откровенном семейственном круге, где к долгу человечества причисляется: вставать в 7 часов, обедать в 2½ и ложиться спать в 10? еще раз скажу: ¿разве в том дело? ¿Что может быть отвратительнее невежества, когда оно начинает вам поверять тайны своей нелепости? ¿когда оно обнажает пред вами все свое безобразие, всю низость души своей? – ¿Что может быть несноснее как видеть человека, которого приличие не заставляет скрывать свою щепетильную злость против всего священного на свете; который не стыдится ни своей глупости ни своих бесчестных расчетов, словом который откровенно глуп, откровенно зол, откровенно подл и проч и проч? ¿Зачем нападаете вы на то состояние общества, которое заставляет глупость быть благоразумною, невежество – стыдливым, грубое нахальство – скромным, спесивую гордость – вежливою? ¿которое многолюдному собранию придает всю прелесть пустыни, в которой спокойно и бессмысленно журчат волны ручья, не обижая души ни резко нелепою мыслью, ни низко униженным чувством? Подумайте хорошенько: ¿все эти вещи, заклейменные названием *приличий*, может быть, не сами ли собою родились от непрерывающегося хода образованности? ¿не суть ли они дань уважения, которую посредственность невольно приносит уму, любви, просвещению, высокому смирению духа? ¿Они не туман ли пред светом какого-то нового мира, который чудится царям людских мнений, как некогда –, в другие веки, – чудились им открытие новой части земного шара, обращение крови, паровая машина и над чем люди так усердно смеялись?

Нет, господа, вы не знаете общества! вы не знаете его важной части – гостиных! вы не знаете их зла и добра, их Озириса и Тифона. И от того: ¿достигают ли ваши эпиграммы своей цели? Если бы вы посмотрели как смеются в гостиных смотря мимоходом на ваши сражения с каким-то фантомом! смотря как вы плачете, вы негодуете, до истощения издеваетесь над чем-то несуществующим! О! если бы вы положили руку на истинную рану гостиных, - не холодный бы смех вас встретил; вы бы грустно замолкли, или бы от мраморных стен понесся плач и скрежет зубов!

Попались бы вы в уголок между двумя диванами, где дует сквозной перекрестный студеный ветер, - от которого стынет грудь, мерзнет ум и сердце перестает биться! Хотел бы я посмотреть, как-бы вы вынесли эту простуду! - достало ли бы у вас в душе столько тепла, чтобы заметить как какая-нибудь картина Анжело, купленная тщеславием, сквозь холодную оболочку приличий невзначай навеяла поэзию на душу существа по видимому бесцветного, бесчувственного; как аккорды Моцарта и Бетговена и даже Россини проговорили утонченным чувствам яснее ваших нравоучений; как в причуде моды перенеслись в гостиную семена какой-нибудь новой мысли только что разгаданной человечеством, - как будто в цветке, которую пришлец из стран отдаленных небрежно бросил на почву и сам не ожидая того обогатил ее новым чудом природы ...

¿Но где я?.. простите меня, почтенный читатель; я обещал вам сказку и залетел в какие-то заоблачные мудрования ... то-то привычка, точно она хуже природы, которая сама так скучна - в описаниях наших стихотворцев и романистов! Простите и вы меня, моя любезная пишущая братия! я совсем не хотел с вами браниться; напротив, я начал эти строки с намерением сказать вам комплимент -, дернул же меня лукавый -, простите, Бога ради простите: вперед не буду ...

Я начал, помнится, так: хорошо вам, моя любезная пишущая братия, на высоких чердаках ваших, в теплых кабинетах, окруженная книгами и бумагами и проч., и проч.; вслед за сим я хотел сказать вам следующее:

Я люблю вас и люблю потому, что с вами можно спорить; положим, что мы противных мнений, - ну, с вами -, разумеется за исключением тех, с которыми говорить запрещает благопристойность, - с вами потолкуешь, поспоришь, докажешь; вы знаете что против логики спорить нельзя - и концы в воду, - вы согласитесь; в гостиных не то; гостиная как женщина, о которой говорит Шекспир, что с нею бьешься три часа, доказываешь, доказываешь — она согласилась — ¿вы кончили, вы думали убедить ее? — ничего не бывало: она отвечает вам и ¿что же? — опять то ж, что говорила сначала; начинай ей доказывать с изнова! такая в ней постоянная мудрость. — В подобных случаях, вы сами можете рассудить, — спорить невозможно, а надлежит слепо соглашаться. Так поступил и я; лукавый дернул меня тиснуть предшедшую сказку в одном альманахе и еще под чужим именем, нарочно что бы меня не узнали; так нет, сударь, догадались! если бы вы знали, какой шум подняли мои дамы и, что мне от них досталось! хором запели мне: „мы не куклы; мы не хотим быть куклами; прошло то время, когда мы были куклами; мы понимаем свое высокое назначение; мы знаем, что мы душа этого четвероногого животного, которое называют супругами." — Ну так, что я хоть в слезы — однако ж в слезы радости, мой почтенный читатель! — Этого мало: вывели на справку всю жизнь красавицы, не хуже моего Ивана Севастьяныча Благосердова, собрали ··, едва ли не по подписке, — следующую статью и приказали мне приобщить ее к таковым же; нечего делать — должно было повиноваться; читайте, но уже за нее браните не меня, а кого следует; потому что мне и без того достанется за мои другие сказки; увы! я знаю, не пощадят причуд воображения за горячее неподкупное чувство. — Читайте ж:

ДЕРЕВЯННЫЙ ГОСТЬ

или

СКАЗКА ОБ ОЧНУВШЕЙСЯ КУКЛЕ И ГОСПОДИНЕ КИВАКЕЛЕ

И так бедная кукла лежала на земле, обезображенная, всеми покинутая, презренная, без мысли, без чувства, без страдания; она не понимала своего положения и твердила про себя, что она валяется по полу *для изъявления глубочайшего почтения и совершенной преданности* ...

В это время проходил прародитель славянского племени, тысячелетний мудрец пасмурный, сердитый на вид, но добрый -, как всякий человек обладающий высшими знаниями. Он был отправлен из древней славянской отчизны - Индии к северному полюсу по весьма важному делу: ему надлежало вымерять и математически определить много ли в продолжении последнего тысячелетия выпарилось глупости из скудельного человеческого сосуда и много ли прилилось в него благодатного ума. Задача важная, которую давно уже решила моя почтенная бабушка, но которую индийские мудрецы все еще стараются разрешить посредством долгих наблюдений и самых утонченных опытов и исчислений; - не на что им время терять!

Как-бы то ни было, индийский мудрец остановился над бедною куклою, горькая слеза скатилась с его седой ресницы, канула на красавицу и красавица затрепетала какою-то мертвою жизнью, как обрывок нерва, до которого дотронулся магический прутик.

Он поднял ее, овеял гармоническими звуками Бетговена; свел на лице ее разноцветные красноречивые краски, рассыпанные по созданиям Рафаеля и Анжело; устремил на нее магический взор свой в котором, как в бесконечном своде, отражались все вековые явления человеческой мудрости; - и прахом разнеслись нечестивые цепи иноземного чародейства вместе с испарениями старого чепчика; - и новое сердце затрепетало в красавице, высоко поднялася душистая грудь, и снова свежий славянский румянец вспыхнул на щеках ее; наконец мудрец произнес несколько таинственных слов на древнем славянском языке который иностранцы называют санскритским; благословил красавицу поэзией Байрона, Державина и Пушкина; вдохнул ей искусство страдать и мыслить, и - продолжал путь свой.

И в красавице жизнь живет, мысль пылает, чувство говорит; вся природа улыбается ей радужными лучами; нет китайских жемчужин в нити ее существования, каждая блещет светом мечты, любви и звуков..

И помнит красавица свое прежнее ничтожество; с стыдом и горем помышляет о нем, и гордится своею новою прелестью, гордится своим новым могуществом, гордится, что понимает свое высокое назначение.

Но злодеи, - которых чародейская сила была поражена вдохновенною силою индийского мудреца, не остались в бездействии. Они замыслили новый способ для погубления славянской красавицы.

Однажды красавица заснула; в поэтических грезах ей являлись все гармонические видения жизни: и причудливые хороводы мелодий в безбрежной стране Эфира; и живая кристаллизация человеческих мыслей, на которых радужно играло солнце поэзии с каждою минутою все более и более яснеющее; и пламенные, умоляющие взоры юношей; и добродетель любви; и мощная сила таинственного соединения душ. То жизнь представлялась ей тихими волнами океана которые весело рассекала ладья ее, при каждом шаге вспыхивая игривым фосфорическим светом; то она видела себя об-руку с прекрасным юношею, которого, казалось, она давно уже знала; где-то в незапамятное время, как будто еще до ее рождения, они были вместе в каком-то таинственном храме без сводов, без столпов, без всякого наружного образа; вместе внимали какому-то торжественному благословению; вместе преклоняли колена пред невидимым алтарем Любви и Поэзии; их голоса, взоры, чувства, мысли сливались в одно существо; каждое жило жизнью другого, и гордые своей двойною гармоническою силою, они смеялись над пустыней могилы, ибо за нею не находили пределов бытию любви человеческой ...

Громкий хохот пробудил красавицу, - она проснулась, - какое-то существо, носившее человеческий образ, было пред нею; в мечтах еще неулетевшего сновидения ей кажется, что это прекрасный юноша который являлся ее воображению, протягивает руки - и отступает с ужасом.

Пред нею находилось существо которое назвать человеком было бы преступление; брюшные полости поглощали весь состав его; раздавленная голова качалась беспрестанно как-бы в знак согласия; толстый язык шевелился между отвисшими губами не произнося ни единого слова; деревянная душа сквозилась в отверстия занимавшие место глаз и на узком лбе его насмешливая рука написала: *Кивакель*.

Красавица долго не верила глазам своим, не верила, чтобы до такой степени мог быть унижен образ человеческий ... Но она вспомнила о своем прежнем состоянии; вспомнила все терзания ею понесенные; подумала что через них перешло и существо пред нею находившееся; в ее сердце родилось сожаление о бедном Кивакеле и она безропотно покорилась судьбе своей; гордая искусством любви и страдания, которое передал ей мудрец Востока, она поклялась посвятить жизнь на то, чтобы возвысить, возродить грубое униженное существо доставшееся на ее долю, и тем исполнить высокое предназначение женщины в этом мире.

Сначала ее старания были тщетны: что она ни делала, что ни говорила - Кивакель кивал головою в знак согласия - и только: ничто не достигало до деревянной души его. После долгих усилий красавице удалось как-то, механически скрепить его шаткую голову - ¿но что же вышло? она не кивала более, но осталась совсем неподвижною как и все тело. Здесь началась новая, долгая работа: красавице удалось и в другой раз придать тяжелому туловищу Кивакеля какое-то искусственное движение.

Достигши до этого, красавица начала размышлять как бы пробудить какое-нибудь чувство в своем товарище: она долго старалась раздразнить в нем потребность наслаждения, разлитую природой по всем тварям; представляла ему все возможные предметы, которые только могут расшевелить воображение животного; - но Кивакель, уже гордый своими успехами, сам избрал себе наслаждение: толстыми губами стиснул янтарный мундштук и облака табачного дыму сделались его единственным, непрерывным, поэтическим наслаждением.

Еще безуспешнее было старание красавицы вдохнуть в своего товарища страсть к какому-нибудь занятию; к чему-нибудь об чем бы он мог вымолвить слово; почему он мог бы узнать, что существует нечто такое, что называется мыслить; - но гордый Кивакель сам выбрал для себя и занятие; лошадь сделалась его наукою, искусством, поэзиею, жизнью, любовью, добродетелью, преступлением, верою; он по целым часам стоял устремивши благоговейный взор на это животное, ничего не помня, ничего не чувствуя, и жадно впивал в себя воздух его жилища.

Тем и кончилось образование Кивакеля; каждое утро он вставал с утренним светом; пересматривал восемьдесят чубуков, в стройном порядке пред ним разложенных; вынимал табачный картуз; с величайшим тщанием и сколь можно ровнее набивал все восемьдесят трубок; садился к окошку и молча, ни о чем не думая, выкуривал все восемьдесят одну за другою: сорок до и сорок после обеда.

Изредка его молчание прерывалось восторженным, из глубины сердца вырвавшимся восклицанием, при виде проскакавшей мимо него лошади; или он призывал своего конюшего, у которого после глубокомысленного молчания, с важностью спрашивал:

„¿Что лошади?"

- Да ничего. -

„¿Стоят на стойле? ¿не правда ли?" продолжал господин Кивакель.

- Стоят на стойле. -

„Ну - то-то же ..."

Тем оканчивался разговор и снова господин Кивакель принимался за трубку, курил, курил, молчал и не думал.

Так протекли долгие годы и каждый день постоянно господин Кивакель выкуривал восемьдесят трубок и каждый день спрашивал конюшего о своей лошади.

Тщетно красавица призывала на помощь всю силу воли, чувства, ума и воображения; тщетно призывала на помощь молитву души - вдохновение; тщетно старалась пленить деревянного гостя всеми чарами искусства; тщетно устремляла на него свой магнетический взор, чтобы им пересказать ему то, чего не выговаривает язык человека; тщетно терзалась она; тщетно рвалась; ни ее слова, ни ее просьбы, ни отчаяние; ни та горькая, язвительная насмешка которая может вырваться лишь из души глубоко оскорбленной; ни те слезы которые выжимает сердце от долгого, беспрерывного, томительного страдания - ничто даже не проскользило по душе господина Кивакеля! -

Напротив обжившись хозяином в доме, он стал смотреть на красавицу как на рабу свою; горячо сердился за ее упреки; не прощал ей ни одной минуты самозабвения; ревниво следил каждый невинный порыв ее сердца, каждую мысль ее, каждое чувство; всякое слово непохожее на слова им произносимые, он называл нарушением законов божеских и человеческих; и иногда -, в свободное от своих занятий время, между трубкою и лошадью, - он читал красавице увещания, в которых восхвалял свое смиренномудрие и охуждал то, что он называл развращением ума ее ...

Наконец мера исполнилась. Мудрец Востока научивший красавицу искусству страдать, не передал ей искусства переносить страдания; истерзанная, измученная своею ежеминутною лихорадочною жизнью, она чахла, чахла ... и скоро бездыханный труп ее Кивакель снова выкинул из окошка.

Проходящие осуждали ее больше прежнего ...

ЭПИЛОГ

"... И все мне кажется, что я перед ящиком с куклами; гляжу как движутся передо мною человечки и лошадки; часто спрашиваю себя, не обман ли это оптический; играю с ними, или, лучше сказать, мною играют, как куклою; иногда забывшись схвачу соседа за деревянную руку и тут опомнюсь с ужасом ..."

NOTES

The text has been taken from the only full edition of 1833, the *Sochineniya* of 1844 and the *Povesti i rasskazy* of 1959 (see the Short Bibliography below). Where the Soviet text of a story has been used, its modern punctuation has been followed, except that the 'Spanish' question mark has been reinstated, despite its omission by the author in such stories as were reprinted in 1844. It should be noted that Odoyevsky's punctuation was not consistent.

p. 19   ... сказку Иринея Модестовича, напечатанную для опыта, под именем *Глинского*... 'Skazka o tom, kak opasno devushkam ..' (VII) was printed before the rest of *Pyostryye skazki* in the publication *Kometa Bely, al'manakh za 1833* (St Petersburg, 1833), pp. 259-78, under the pseudonym 'Vl. Glinsky'.

p. 19   Joannes ab Indagine ... Joannes de Indagine (or Joannes de Hagen), a Carthusian prior, an obscure alchemical author. Les oeuvres de Jean Belot ... the words of this obscure occult thinker were reprinted several times in the seventeenth century.

p. 20   ... ободрить Иринея Модестовича к окончанию его собственной биографии, а равно и исторических изысканий ... Gomozeyko's 'autobiography' was never completed or published; there is no trace of his 'historical researches on art' (see Introduction).

p. 20   ... давно обещанного *Дома сумасшедших* ... a cycle on which Odoyevsky was working for some years in the 1830s (see Introduction), mentioned in journals of the day and in Odoyevsky's correspondence. The cycle never came to fruition as such, although a prologue, 'Kto sumasshedshiye', was published in *Biblioteka dlya chteniya* (1836, XIV, pp. 50-64); a number of stories which were to have formed a part of it were later incorporated into *Russkiye nochi*.

p. 25   ... монах, по имени Алберт ... Albert the Great (Albertus Magnus), died 1280, a Dominican - prominent scholastic and alchemical thinker.

    ... на бекрень ... equals на бок

    ... пред лице Миноса ... Minos, mythical king of Crete.

    ... монах Бакон ... Roger Bacon, died 1292, a Franciscan, English philosopher and scientist.

    ... в кунсткамере ... *Kunstkamera* (German)

    ... Арнольда де-Виллановы ... Arnold of Villanova (Arnaldus de Villanova), 1235-1313 - an alchemical Hermetic writer.

    ... господин Бомбастус Парацельзий ... Paracelsus (Philippus Aureolus Theophrastus Bombastus von Hohenheim), 1493-1541 - an alchemical thinker and innovatory physician.

p. 26   ... Брюс ... The 'Briusov-kalendar', which appeared in Moscow from 1709-15 was ascribed to Yakov Vilimovich Brius (1670-1735) - military commander, political figure and scholar of the Petrine era, who was of Scottish (Bruce) origin.

    ... Василий Валентин ... Basilius Valentinus - a supposed 15th-century alchemist whose writings are a 17th-century forgery.

    ... Алберта Великого ... Albert the Great (see above).

    ... ars magna Раймонда Луллия ... Ramón Lull (Raymond Lully), *c*. 1235-1316 - Platonist thinker, author of the occult and mnemonic art of 'Lullism' (for information on Lull, Albert the Great etc., see Frances Yates, *The Art of Memory*, Penguin Books).

p. 27   ... химик Беккер ... probably Balthazar Bekker (1634-98) - a Dutch theologian who denied the actuality of demoniacal possession.

    ... астрологическими, хиромантическими, парфеномантическими, онеиромантическими, кабалистическими ... - astrological, chiromantic, parthenomantic, oneiromantic, Cabbalistic.

p. 28   проиграл 12 робертов сряду ... роберт = роббер (робер) - rubber (cards).

    ... об убиении Димитрия царевича ... the murder (in 1591) of the son of Ivan Groznyy.

... о монументе Минину и Пожарскому ... statue of Minin and Pozharsky (leaders of the popular campaign against the Poles in 1612) on Red Square.

... Несторовой летописи ... Nestor's Chronicle - Nestor was the 11th-century purported author of stories of the Kievan Crypt Monastery and the *Povest' vremennykh let.*

p. 29 ... у Григория Арматолы ... Odoyevsky means George Hamartolus (George the Monk) - a 9th-century Byzantine chronicler.

p. 30 ... в гишпанском костюме ... гишпанский = испанский

p. 31 ... нарахтишься ... нарахтиться (obs.) = собираться сделать что-л., стремиться к чему-л.

p. 33 ... с путешествиями капитана Парри ... Sir William Edward Parry (1790-1855) - English arctic explorer who searched for the Northwest Passage (1819-25) and attempted to reach the North Pole (1827).

p. 35 ... Реженского уезда ... Rezhensk - nonexistent town, a symbol of the provincial back of beyond (in Odoyevsky's story 'Silfida', Rezhensky figures as the name of a typical provincial landlord).

p. 36 ... Сивиллиной книги ... the Sybylline Books - nine books of prophecy, three of which were finally sold by a priestess, the Sibyl of Cumae, to Tarquin.

p. 39 ... о Бове Королевиче ... Bova-Korolevich - hero of an old Russian tale.

... о похождениях Ваньки Каина ... Van'ka Kain (Ivan Osipovich Kain) - a notorious thief and police spy of 18th-century Moscow.

... о путешествии купца Коробейникова в Иерусалим ... Trifon Korobeynikov - a Moscow merchant who undertook two journeys to the East and wrote his *Khozhdeniya* (1582-4 and 1593-4).

... Гнилое море ... = Dead Sea.

... процессия погребения кота ... popular print (*lubochnaya kartinka*) depicting mice burying a cat.

... птица Строфокамил ... Korobeynikov's name for the ostrich (*straus*).

p. 42   ... кошт ... = cost.

p. 44   ... бистурием ... бистури = surgeon's knife.

p. 45   ... Новый Жоко ... The name 'Jocko' derives from a story by the French minor writer Charles Pougens (*Jocko, épisode détaché des Lettres inédites sur l'instinct des animaux*, 1824) of a female ape mistreated by the human she loved. It was turned into a play in 1825 (by Rochefort and Gabriel), called *Jocko le Singe de Brésil*, which, in its Russian translation, was a great success on the Moscow stage from 1827 to the mid-30's. The real target of Odoyevsky's parodic sally, however, is thought to have been Pétrus Borel (1809-59), the most extreme member of the *bousingos* group and self-style 'lycanthrope'.

p. 46   ... от рода древнего и знаменитого Арахнидов или Аранеидов ... Arachnida - a class of chelicerate arthropod which includes spiders; Araneida - those arachnids which comprise the spiders. The Greek and Latin origins of these words have mythological connections: Arachne (Greek myth.) was a girl who was changed into a spider by the goddess Athene for daring to challenge her in the art of weaving. 'Aranis' (Indian myth.) is the process by which fire ('agni') is born from two sticks of wood, whereupon it immediately devours its 'parents'.

p. 46   ... творения Елияна ... presumably connected with Elia (in ancient times Elis, Modern Greek Ilía), a department of S.W. Greece.

... знаменитая Лидийская жена, гонимая Минервою ... refers to Arachne and Athene (= Minerva), see above.

... Демокрит ... Плиний ... Democritus (?460-?370 B.C.) - Greek philosopher who developed the atomist theory of matter. Pliny the Elder (23-79 A.D.) - Roman author of an encyclopaedic *Natural History*.

... Ликос ... Greek *lykos* - a wolf.

... фамилии Ктенизов ... possibly connected with the Greek root κτενω (kill), or the word κτῆνος (animal).

p. 52   ... повести Эдипа, рассказов Энея ... Oedipus and Aeneas.
p. 55   ... на партию бостона ... boston - card game, somewhat like whist.
        ... Аннинский крест ... St Anne Cross - Tsarist decoration.
p. 56   ... шесть в сюрах, один на червях, мизер уверт ... card terms: сюры = козыри (trumps); червы = hearts; *misère ouverte* - an open hand to win no tricks.
        ... Сивиллин треножник ... tripod on which Greek priestesses (or sibyls) sometimes sat to enter a prophetic trance.
p. 58   ... камлотных шинелях ... camlet - a tough, waterproof cloth (Old French *camelot*).
        ... „Открытых таинств картежной игры" ... apparently a reference to the anonymously produced book: „Жизнь игрока, описанная им самим, или открытые хитрости карточной игры" (2 volumes, Moscow, 1826-1827).
p. 59   ... Игоша ... Igosha - a folk spirit, on a par (according to Dal') with *kikimory* and *domovyye*.
p. 60   ... на завражке ... presumably connected with завраг (= snowdrift).
p. 61   ... злыдень ... = шатун (good-for-nothing).
p. 63   ... канифасную кофту ... канифас = sail-cloth.
p. 64   The 1844 *Sochineniya* version of 'Igosha' (part III, pp. 47-56) is dedicated to A.S. Khomyakov and in a revised form. The changes made seem of no great significance, apart from the addition of a final paragraph. We have chosen to retain the original version in this instance. The extra paragraph of 1844 has the effect of clarifying the nature of the visitations of Igosha as 'a play of the imagination', which can be occasioned by particular psychological circumstances, thereby removing any possible doubt as to the 'actual' existence of Igosha and making the story less a child's eye view than the retrospective narrative of an adult. In the original version all this is more open. The added paragraph is given below:
        С тех пор, Игоша мне более не являлся. Мало-по-малу,

ученье, служба, житейские происшествия отдалили от меня даже воспоминание о том полусонном состоянии моей младенческой души, где игра воображения так чудно сливалась с действительностью; этот психологический процесс сделался для меня недоступным; те условия, при которых он совершался, уничтожились рассудком: но иногда, в минуту пробуждения, когда душа возвращается из какого-то иного мира, в котором она жила и действовала по законам, нам здесь неизвестным, и еще не успела забыть о них, в эти минуты, странное существо, являвшееся мне в младенчестве, возобновляется в моей памяти и его явление кажется мне понятным и естественным.

p. 68 ... как Киприда из морской пены ... Киприда (Cypriot) = Aphrodite.

p. 71 ... заморский басурманин ... басурманин = басурман - infidel, especially Muslim, but can be any non-Orthodox, or (pejoratively) foreigner.

p. 72 ... мариина баня ... *bain-Marie* (French) - a jacketed saucepan.

p. 72 ... мадам Жанлис ... Madame de Genlis (1746-1830) - French sentimentalist authoress, much in vogue in early 19th-century Russia.

... Честерфильдовы письма ... *Letters to his son* (1774) by Lord Chesterfield (1694-1773), English politician and writer.

... отрывки из письмовника ... письмовник - manual of letter writing.

p. 79 ... Стразбуржская колокольня ... steeple of Strasbourg cathedral.

... их Озириса и Тифона ... Osiris and Typhon (or Set) - two brothers in Egyptian mythology, representing good and evil.

p. 80 ... Анжело ... = Michaelangelo.

p. 86 ... Эпилог ... In the 1844 printing of this story, the 'epilogue', instead of being so called as in 1833, is merely printed as a final paragraph.

THE EPIGRAPHS IN *Pyostryye skazki*

Epigraphs are frequently a striking feature in Odoyevsky's fiction. The following notes are therefore supplied to identify the authors and works that form the sources of the epigraphs of *Pyostryye skazki*.

p. 18 (original 1833 title-page) 'Fon-Vizin' - Denis Ivanovich Fonvizin (1745-92), dramatist: author of *Brigadir* and *Nedorosl'*.

p. 23 'Chemical Dictionary'.
Isaac Hollandus - an obscure alchemical writer.

p. 35 Gogol's cycle *Vechera na khutore bliz Dikan'ki* - the epigraph is taken from the story 'Noch' pered rozhdestvom'.

p. 45 'Boileau' - Nicholas Boileau (1636-1711), French Poet and critic. Translation by 'Graf Khvostov' - Count D.I. Khvostov (1757-1835), a minor poet and translator, chiefly remembered for buying up editions of his own work.

p. 54 'Kn. Shakhovskoy' - Prince Aleksandr Aleksandrovich Shakhovskoy (1777-1846), poet and dramatist, an acquaintance of Odoyevsky.

p. 65 'Zhan'-Pol'-Rikhter' - Johann Paul Friedrich Richter (1763-1825), prominent German writer of the romantic period, commonly known under his pen name of 'Jean Paul'.

p. 69 Madame de Genlis - see above.

p. 78 'Gete-Verter - Perevod Rozhalin': Goethe's *Werther* - an immensely influential novel in Russia, as in Europe generally - in the Russian translation by N.M. Rozhalin (1805-34), a member of the Society of Wisdom Lovers ('Obshchestvo lyubomudriya' - see Introduction) and a friend of Odoyevsky.

SHORT BIBLIOGRAPHY

I Main editions of Odoyevsky's works

Pyostryye skazki s krasnym slovtsom..., St Petersburg, 1833

Sochineniya knyazya V.F. Odoyevskogo, St Petersburg, 1844 (3 vols.)

Russkiye nochi, Moscow, 1913 (reprinted Fink, Munich, 1967)

Romanticheskiye povesti, Leningrad, 1929 (reprinted Meeuws,

Oxford, 1975)

Povesti i rasskazy, Moscow, 1959

Russkiye nochi, 'Literaturnyye pamyatniki', Leningrad, 1975

Sochineniya v dvukh tomakh, Moscow, 1981

Posledniy kvartet Betkhovena: povesti, rasskazy, ocherki, Odoyevsky v zhizni, Moscow, 1982 (includes memoirs of Odoyevsky and Belinsky's important review of *Sochineniya*, 1844)

O literature i iskusstve, Moscow, 1982

Povesti i rasskazy, Moscow, 1985

II Odoyevsky in English

Russian nights, translated by Olga Koshansky-Olienikov and Ralph E. Matlaw, Dutton, New York, 1965

'A Tale of Why it is Dangerous for Young Girls to go Walking in a Group along Nevsky Prospect', translated by Samuel Cioran, *Russian Literature Triquaterly*, no. 3, 1972

Russian Romantic Prose: An Anthology, edited by Carl R. Proffer, Translation Press, Ann Arbor, 1979 (includes translations of three Odoyevsky stories: 'The Sylph', 'Princess Mimi' and 'The Live Corpse' by three different translators).

Pre-Revolutionary Russian Science Fiction: An Anthology (Seven Utopias and a Dream), edited and translated by Leland Fetzer, Ardis, Ann Arbor, 1982 (includes Odoyevsky's 'The Year 4338. Letters from Petersburg')

The Ardis Anthology of Russian Romanticism, edited by Christine Rydel, Ardis, Ann Arbor, 1984 (reprints 'A Tale of Why it is Dangerous...' and 'Princess Mimi')

Russian 19th-century Gothic Tales, compiled by Valentin Korovin, Raduga Publishers, Moscow, 1984 (includes '4338 A.D.', 'The Sylphide', 'The Ghost', 'The City Without a Name' and 'The Living Corpse', all translated by Alex Miller)

III Main Russian Sources on Odoyevsky (with particular reference to *Pyostryye skazki*)

P.N. Sakulin, *Iz istorii russkogo idealizma. Knyaz' V.F. Odoyevsky:*

myslitel' - pisatel', vol. I, parts 1 and 2, Moscow, 1913 (see particularly part 2, pp. 22-51).

Vasiliy Gippius, '"Uzkiy put'". Kn. V.F. Odoyevsky i romantizm', *Russkaya mysl'*, 1914, 12, pp. 1-26.

Yuriy V. Mann, *Russkaya filosofskaya estetika (1820-30ye gody)*, Moscow, 1969, (pp. 104-48 and 295-303 cover Odoyevsky's philosophical aesthetics, concentrating on *Russkiye nochi*).

R.V. Iezuitova, 'Puti razvitiya romanticheskoy povesti', in the volume *Russkaya povest' XIX veka: istoriya i problematika zhanra*, edited by B.S. Meylakh, Leningrad, 1973 (especially pp. 95-98).

A.B. Botnikova, *E.T.A. Gofman i russkaya literatura*, Voronezh, 1977 (on Hoffmann and Odoyevsky, see pp. 77-88).

M.A. Tur'yan, '"Igosha" V.F. Odoyevskogo (k probleme fol'klorizma)', *Russkaya literatura*, 1977, 1, pp. 132-6.

V.I. Sakharov, 'Evolyutsiya tvorcheskogo oblika V.F. Odoyevskogo', in the volume *Vremya i sud'by russkikh pisateley*, Moscow, 1981 (especially pp. 26-9).

V.I. Sakharov, 'E.T.A. Gofman i V.F. Odoyevsky', in the volume *Khudozhestvennyy mir E.T.A. Gofmana*, Moscow, 1982, pp. 173-84.

V.I. Sakharov, *Pod sen'yu druzhnykh muz*, Moscow, 1984, pp. 203-55.

IV On Odoyevsky in English

Charles E. Passage, *The Russian Hoffmannists*, The Hague, 1963, pp. 89-114.

Simon Karlinsky, 'A Hollow Shape: The Philosophical Tales of Prince Vladimir Odoevsky', *Studies in Romanticism*, 1966, no. 3, pp. 169-82.

Norman W. Ingham, *E.T.A. Hoffmann's Reception in Russia*, Würzburg, 1974, pp. 177-93.

Neil Cornwell, 'V.F. Odoyevsky's *Russian nights*: Genre, Reception and Romantic Poetics', *Essays in Poetics*, vol. 8, no. 2, 1983, pp. 19-55.

Neil Cornwell, 'Perspectives on the Romanticism of V.F. Odoyevsky', in *Problems of Russian Romanticism*, edited by Robert Reid,

Gower, Aldershot, 1986, pp. 169-208.

Neil Cornwell, *V.F. Odoyevsky: His Life, Times and Milieu*, The Athlone Press, London, 1986.

Readers are also referred to the introductions of the various editions, in Russian and English, listed above.

Lightning Source UK Ltd.
Milton Keynes UK
18 June 2010

155767UK00001B/26/P